교과서 한자 ...... 비

하루 한장 **한자** 학습 계획표 2-2 6급 Ⅱ

매일매일 공부하는 습관이 중요합니다.
학습 계획을 세우고, 한자의 훈과 음을 말해 보며 실력을 확인해 보세요.

날짜		한자	학습 계획일		확인	
1주	1일	身	월	일	훈	음
	2일	體	월	일	훈	음
	3일	始	월	일	훈	음
	4일	作	월	일	훈	음
	5일	果	월	일	훈	음
2주	1일	淸	월	일	훈	음
	2일	風	월	일	훈	음
	3일	光	월	일	훈	음
	4일	明	월	일	훈	음
	5일	堂	월	일	훈	음
3주	1일	利	월	일	훈	음
	2일	用	월	일	훈	음
	3일	注	월	일	훈	음
	4일	意	월	일	훈	음
	5일	勇	월	일	훈	음
4주	1일	昨	월	일	훈	음
	2일	今	월	일	훈	음
	3일	反	월	일	훈	음
	4일	省	월	일	훈	음
	5일	消	월	일	훈	음
5주	1일	部	월	일	훈	음
	2일	分	월	일	훈	음
	3일	高	월	일	훈	음
	4일	等	월	일	훈	음
	5일	線	월	일	훈	음

날짜		한자	학습 계획일		확인	
6주	1일	音	월	일	훈	음
	2일	樂	월	일	훈	음
	3일	發	월	일	훈	음
	4일	表	월	일	훈	음
	5일	弱	월	일	훈	음
7주	1일	幸	월	일	훈	음
	2일	運	월	일	훈	음
	3일	神	월	일	훈	음
	4일	童	월	일	훈	음
	5일	放	월	일	훈	음
8주	1일	現	월	일	훈	음
	2일	代	월	일	훈	음
	3일	各	월	일	훈	음
	4일	班	월	일	훈	음
	5일	急	월	일	훈	음
9주	1일	公	월	일	훈	음
	2일	共	월	일	훈	음
	3일	集	월	일	훈	음
	4일	計	월	일	훈	음
	5일	雪	월	일	훈	음
10주	1일	會	월	일	훈	음
	2일	社	월	일	훈	음
	3일	半	월	일	훈	음
	4일	球	월	일	훈	음
	5일	理	월	일	훈	음

한자로 완성하는  **만리장성**

의

↑ 이름을 쓰세요.

시작!

1주 1일	1주 2일

4주 5일

4주 3일

4주 4일　　4주 2일

4주 1일

5주 1일	5주 2일

5주 3일	5주 4일

6주 4일　　　6주 5일　　　7주 1일

5주 5일	6주 1일

9주 3일　　　9주 2일

6주 2일	6주 3일

9주 4일　　　9주 5일　　　10주 1일

2-2 6급Ⅱ

하루한장 한자

 身
 體
 始
 作
 果
 淸
風

 令
 反
 省
 消
 部
 分
 高
等

 童
 放
 現
 代
 各
 班
 急
公

하루 한장 한자 한눈에 보기

1-1 (8급)

1주	日일	月월	山산	水수	火화
2주	一일	二이	三삼	四사	五오
3주	人인	大대	小소	女녀	王왕
4주	六륙	七칠	八팔	九구	十십
5주	東동	西서	南남	北북	中중
6주	父부	母모	兄형	弟제	外외
7주	木목	金금	土토	青청	白백
8주	長장	寸촌	先선	生생	民민
9주	萬만	年년	韓한	國국	軍군
10주	學학	校교	門문	教교	室실

1-2 (7급Ⅱ)

1주	手수	足족	自자	力력	子자
2주	上상	下하	左좌	右우	内내
3주	男남	孝효	安안	家가	道도
4주	工공	車거	立립	平평	不불
5주	江강	海해	姓성	名명	動동
6주	前전	後후	時시	空공	間간
7주	市시	午오	直직	話화	記기
8주	正정	世세	全전	方방	活활
9주	電전	氣기	食식	事사	物물
10주	答답	每매	農농	場장	漢한

2-1 (7급)

1주	口구	面면	心심	川천	夕석
2주	天천	地지	然연	花화	草초
3주	出출	入입	文문	字자	語어
4주	春춘	夏하	秋추	冬동	色색
5주	老로	少소	主주	夫부	祖조
6주	百백	千천	數수	算산	同동
7주	問문	休휴	林림	植식	村촌
8주	住주	所소	邑읍	里리	洞동
9주	有유	來래	育육	登등	重중
10주	便편	紙지	命명	歌가	旗기

2-2 (6급Ⅱ)

1주	身신	體체	始시	作작	果과
2주	清청	風풍	光광	明명	堂당
3주	利리	用용	注주	意의	勇용
4주	昨작	今금	反반	省성	消소
5주	部부	分분	高고	等등	線선
6주	音음	樂락	發발	表표	弱약
7주	幸행	運운	神신	童동	放방
8주	現현	代대	各각	班반	急급
9주	公공	共공	集집	計계	雪설
10주	會회	社사	半반	球구	理리

3-1 (6급Ⅱ + 6급)

1주	業업	界계	成성	功공	才재
2주	新신	聞문	讀독	書서	庭정
3주	圖도	形형	戰전	術술	題제
4주	對대	角각	短단	信신	窓창
5주	飲음	藥약	科과	第제	和화
6주	太태	陽양	石석	油유	強강
7주	言언	行행	失실	禮례	習습
8주	區구	別별	合합	席석	多다
9주	交교	感감	親친	近근	愛애
10주	衣의	服복	根근	本본	由유

3-2 (6급)

1주	畫주	夜야	永영	遠원	朝조
2주	特특	定정	苦고	待대	向향
3주	通통	路로	開개	園원	郡군
4주	勝승	者자	頭두	目목	使사
5주	溫온	度도	米미	美미	畫화
6주	在재	野야	李리	朴박	京경
7주	綠록	黃황	洋양	樹수	銀은
8주	病병	死사	例례	式식	孫손
9주	番번	號호	古고	速속	族족
10주	級급	訓훈	章장	英영	醫의

4-1 5급Ⅱ 4-2 5급Ⅱ+5급 5-1 5급+4급Ⅱ 5-2 4급Ⅱ 6-1 4급Ⅱ 6-2 4급Ⅱ

1 오늘 배울 한자

- 어제 배운 한자의 훈과 음을 써 보며 한 번 더 복습해 주세요.
- 오늘 배울 한자는 그림을 보며 한자 모양과 뜻을 연상할 수 있도록 설명해 주세요.

2 한자 익히기

- 설명을 읽고, 한자의 뜻을 쉽게 이해할 수 있도록 해 주세요.
- 훈과 음을 소리 내어 읽으며 한자를 필순에 맞게 쓸 수 있도록 해 주세요.

3 교과서 어휘 및 급수 시험 유형 문제

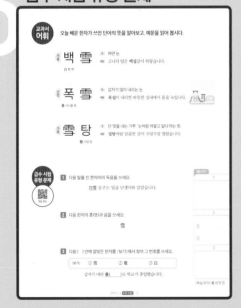

- 교과서에 나오는 한자 어휘의 뜻을 알고, 예문을 통해 쉽게 익힐 수 있도록 해 주세요.
- 한자능력검정시험 유형 문제를 풀며 급수 시험을 대비할 수 있도록 해 주세요.

4 교과 학습 연계 및 활동

- 한자와 관련된 교과 내용의 재미있는 이야기나 활동으로 학습의 재미를 더해 주세요.
- 한국, 중국, 일본의 한자를 비교해 보고, QR 코드를 통해 발음을 들려주세요.

하루 한장 한자

2-2 6급 II

급수 시험
유형 문제
&
교과서通
한자王

정답

하루 한 장 학습지 안에 수록된
QR 코드를 통해서도
정답을 확인할 수 있습니다.

1주 1일	1 심신	2 몸 신	3 代身

1주 2일	1 물체	2 몸 체	3 ③

1주 3일	1 시작	2 비로소 시	3 ②

1주 4일	1 작가	2 지을 작	3 動作

1주 5일	1 성과	2 실과 과	3 ③
[한자王]	4(개)		

2주 1일	1 청명	2 맑을 청	3 ②

2주 2일	1 풍차	2 바람 풍	3 ②

2주 3일	1 야광	2 빛 광	3 ④

2주 4일	1 발명	2 밝을 명	3 ①

2주 5일	1 서당	2 집 당	3 ③

3주 1일	1 이용	2 이할 리	3 ③

3주 2일	1 활용	2 쓸 용	3 ④

3주 3일	1 주의	2 부을 주	3 ①
[한자王]	③		

3주 4일	1 의외	2 뜻 의	3 ②

3주 5일	1 용기	2 날랠 용	3 ③

4주 1일	1 작년	2 어제 작	3 ②

4주 2일	1 방금	2 이제 금	3 今年
[한자王]	① 2048년, ② 2049년, ③ 2051년, ④ 2052년		

4주 3일	1 반면	2 돌이킬 반	3 ③

4주 4일	1 반성	2 살필 성/덜 생	3 ①

4주 5일	1 소화	2 사라질 소	3 ②

5주 1일 1 부분 2 때 부 3 外部
[한자王] ②-ⓒ, ③-ⓛ, ④-ⓔ

5주 2일 1 기분 2 나눌 분 3 分明

5주 3일 1 고등 2 높을 고 3 ②

5주 4일 1 평등 2 무리 등 3 等分

5주 5일 1 무선 2 줄 선 3 ②
[한자王] ③

6주 1일 1 음악 2 소리 음 3 ③

6주 2일 1 국악 2 즐길 락/노래 악 3 ②

6주 3일 1 발표 2 필 발 3 出發

6주 4일 1 표현 2 겉 표 3 ①
[한자王] 예) 오늘 나의 기분은 행복합니다.

6주 5일 1 심약 2 약할 약 3 ③
[한자王] ②

7주 1일 1 행운 2 다행 행 3 ④

7주 2일 1 운행 2 옮길 운 3 ③

7주 3일 1 신동 2 귀신 신 3 ②

7주 4일 1 동시 2 아이 동 3 ④

7주 5일 1 방학 2 놓을 방 3 放心

8주 1일 1 출현 2 나타날 현 3 ②

8주 2일 1 현대 2 대신할 대 3 ①

8주 3일 1 각자 2 각각 각 3 ②
[한자王] 3(개)

8주 4일 1 분반 2 나눌 반 3 ④

8주 5일 1 시급 2 급할 급 3 ③

9주 1일 1 공주 2 공평할 공 3 ①

9주 2일 1 공공 2 한가지 공 3 ②
[한자王] (1) 공, (2) 차, (3) 공, (4) 차, (5) 공, (6) 차

9주 3일 1 집중 2 모을 집 3 ②

9주 4일 1 집계 2 셀 계 3 ①

9주 5일 1 백설 2 눈 설 3 ①

10주 1일 1 회사 2 모일 회 3 ①
[한자王] ①-ⓛ, ②-ⓒ, ③-ⓔ

10주 2일 1 사회 2 모일 사 3 ①

10주 3일 1 반구 2 반 반 3 ②

10주 4일 1 지구 2 공 구 3 ③

10주 5일 1 도리 2 다스릴 리 3 ②

제1회 한자능력검정시험 6급Ⅱ 정답

1 신체	2 음악	3 약소	4 시작	5 반성	6 행운	7 편리	8 광선
9 방학	10 반장	11 신화	12 사회	13 성과	14 발명	15 용기	16 주의
17 전부	18 작년	19 시급	20 고등	21 금방	22 해풍	23 표기	24 대리
25 공학	26 계산	27 소일	28 지구	29 유명	30 공정	31 영어	32 작가
33 맑을 청	34 나눌 분	35 아이 동	36 놓을 방	37 나타날 현	38 모을 집	39 셀 계	40 몸 체
41 비로소 시	42 살필 성/덜 생		43 실과 과	44 밝을 명	45 바람 풍	46 이할 리	47 빛 광
48 부을 주	49 뜻 의	50 날랠 용	51 어제 작	52 이제 금	53 돌이킬 반	54 소리 음	55 다스릴 리
56 공구	57 반 반	58 모일 사	59 공평할 공	60 귀신 신	61 옮길 운	62 ③	63 ①
64 ④	65 ①	66 ⑤	67 ①	68 萬金	69 南北	70 靑年	71 軍人
72 三寸	73 水門	74 校長	75 國民	76 火山	77 七月	78 ⑥	79 ⑩
80 ④							

제2회 한자능력검정시험 6급Ⅱ 정답

1 계산	2 과연	3 평등	4 소화	5 공동	6 동화	7 용기	8 출발
9 방심	10 반성	11 부분	12 동작	13 직선	14 체중	15 음악	16 운동
17 집중	18 의외	19 행운	20 반문	21 풍차	22 현장	23 식당	24 대신
25 노약	26 방금	27 유리	28 활용	29 표면	30 지구	31 회사	32 체력
33 사라질 소	34 급할 급	35 나눌 반	36 각각 각	37 줄 선	38 무리 등	39 쓸 용	40 어제 작
41 날랠 용	42 뜻 의	43 부을 주	44 필 발	45 밝을 명	46 맑을 청	47 비로소 시	48 몸 체
49 다행 행	50 귀신 신	51 나타날 현	52 공평할 공	53 모을 집	54 모일 회	55 겉 표	56 집 당
57 돌이킬 반	58 떼 부	59 약할 약	60 눈 설	61 공구	62 ③	63 ②	64 ①
65 ②	66 ④	67 ⑥	68 學生	69 父女	70 室外	71 八十	72 同生
73 東西	74 九月	75 年金	76 兄弟	77 大王	78 ⑤	79 ⑧	80 ⑨

본 교재는 사단법인 한국어문회의 한자 기준으로 만들었습니다.
한자능력검정시험 일정 및 접수 방법과 관련된 내용은 한국어문회(https://www.hanja.re.kr)를 참고하기 바랍니다.

8급	漢字 學習 동기 부여를 위한 급수(상용한자 50자) [1-1]
7급Ⅱ	기초 常用漢字 활용의 초급 단계(상용한자 100자) [1-2]
7급	기초 常用漢字 활용의 초급 단계(상용한자 150자) [2-1]
6급Ⅱ	기초 常用漢字 활용의 중급 단계(상용한자 225자, 쓰기 50자) [2-2, 3-1]
6급	기초 常用漢字 활용의 고급 단계(상용한자 300자, 쓰기 150자) [3-1, 3-2]
5급Ⅱ	중급 常用漢字 활용의 초급 단계(상용한자 400자, 쓰기 225자) [4-1, 4-2]
5급	중급 常用漢字 활용의 초급 단계(상용한자 500자, 쓰기 300자) [4-2, 5-1]
4급Ⅱ	중급 常用漢字 활용의 중급 단계(상용한자 750자, 쓰기 400자) [5-1, 5-2, 6-1, 6-2]

*하루 한 장 한자 4급Ⅱ(750자)까지 학습하면 초등 교육 과정과 서울특별시 교육청 초등 한자 600자를 모두 익힐 수 있습니다.

*상위 급수 한자는 하위 급수 한자를 모두 포함하고 있습니다.

*쓰기 배정 한자는 한두 급수 아래의 읽기 배정 한자이거나 해당 급수 범위 내에 있습니다.

身 몸 신

🐼 오늘 배울 한자를 만나 봅시다.

身　**몸**을 뜻하고
　　신이라고 읽어요.

身 몸 신

身

몸 신

| 6급 II | 부수 身 | 총 7획 |

아이를 가져 배가 불룩하게 나온 여자의 모습을 따라 만든 글자로, 사람의 '몸'을 뜻합니다.

 순서에 맞게 한자를 써 봅시다.

´ ´ ´ ´ ´ ´ 身 身

身	身	身	身
몸신	몸신	몸신	몸신
몸신	몸신	몸신	몸신
몸신	몸신	몸신	몸신

오늘 배운 한자가 쓰인 단어의 뜻을 알아보고, 예문을 읽어 봅시다.

겨울 | 심 身
心 마음 심

뜻 마음과 몸.

예문 겨울 방학에는 독서와 운동으로 **심신**을 단련할 계획입니다.

국어 | 대 身
代 대신할 대

뜻 자리나 역할을 바꾸어서 새로 맡음.

예문 친구의 단점 **대신** 장점을 먼저 찾아봅시다.

국어 | 변 身
變 변할 변

뜻 몸의 모양이나 태도를 바꿈.

예문 가게 놀이를 하면서 **변신** 로봇을 팔았습니다.

급수 시험
유형 문제

정답 확인

1 다음 밑줄 친 한자어의 독음을 쓰세요.

태권도를 배워 <u>心身</u>을 단련합니다.

2 다음 한자의 훈(뜻)과 음을 쓰세요.

身

3 다음 밑줄 친 한자어를 한자로 쓰세요.

한 번 쓰고 버리는 종이컵 <u>대신</u> 유리컵을 사용합시다.

정답 쓰기

1

2

훈 _____

음 _____

3

변신의 천재 카멜레온

 變 身

큰 눈과 긴 혀를 가지고 있는 카멜레온은 주로 아프리카의 정글에서 삽니다.

카멜레온은 몸 색깔을 다양한 색으로 바꿀 수 있는 변신의 천재입니다. 숲속에서 자신의 몸을 초록색으로 바꾸고 숨어 버린 카멜레온을 찾기는 쉽지 않습니다.

카멜레온은 주변의 온도와 빛에 따라서 자신의 몸 색깔을 초록색, 파란색, 빨간색, 노란색 등 여러 가지 색으로 바꿉니다. 또한, 자신의 감정을 표현하기 위해 몸 색을 바꾸기도 합니다.

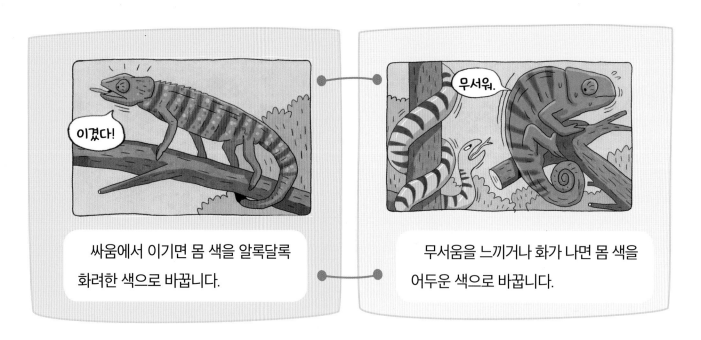

이겼다!

싸움에서 이기면 몸 색을 알록달록 화려한 색으로 바꿉니다.

무서워.

무서움을 느끼거나 화가 나면 몸 색을 어두운 색으로 바꿉니다.

발음 듣기

 身 신

 身 션

 身 신

어제의 한자

身

훈 음 몸 체

오늘 배울 한자를 만나 봅시다.

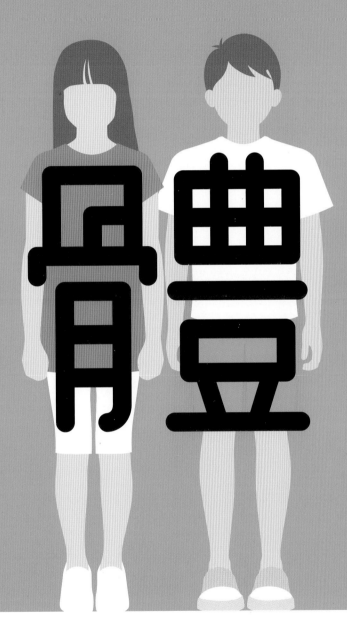

體 **몸**을 뜻하고

체라고 읽어요.

體 몸 체

體 몸 체

6급 II | 부수 骨 | 총 23획

뼈가 연결되어 몸이 이루어진 사람이나 동물의 '몸'을 뜻합니다.

순서에 맞게 한자를 써 봅시다.

丨 冂 冂 冊 冊 咼 咼 骨 骨 骨 骨 骨 骨 骨 骨 骨 體 體 體 體 體 體 體

몸 체	몸 체	몸 체	몸 체
몸 체	몸 체	몸 체	몸 체
몸 체	몸 체	몸 제	놈 체

오늘 배운 한자가 쓰인 단어의 뜻을 알아보고, 예문을 읽어 봅시다.

溫 따뜻할 온

뜻 몸의 온도.
예문 개구리는 겨울이 되면 **체온**이 낮아져 땅속에서 잠을 잡니다.

物 물건 물

뜻 구체적인 모양이 있는 것.
예문 도깨비바늘이란 바늘 모양의 열매가 다른 **물체**에 잘 달라붙는 식물을 말합니다.

立 설 립(입)

뜻 여러 개의 면으로 둘러싸인 부분.
예문 동물의 모습을 그리고 **입체** 가면을 만들어 봅시다.

급수 시험 유형 문제

정답 확인

1 다음 밑줄 친 한자어의 독음을 쓰세요.

밤하늘에서 반짝이는 物體를 보았습니다.

2 다음 한자의 훈(뜻)과 음을 쓰세요.

體

3 다음 뜻에 맞는 한자어를 <보기>에서 찾아 그 번호를 쓰세요.

| <보기> | ① 體溫 | ② 物體 | ③ 立體 |

여러 개의 면으로 둘러싸인 부분.

정답 쓰기

1

2
훈 ____
음 ____

3

우리 몸의 온도, 체온

우리 몸은 춥거나 더워도 항상 같은 체온을 지키기 위해 노력합니다. 체온이 일정한 것은 우리의 몸이 건강하다는 뜻입니다. 체온이 너무 올라가거나 내려가는 것은 몸이 위험하다고 신호를 보내는 것입니다.

Q1 체온이 내려가면 어떻게 되나요?

추운 곳에 오래 있으면 우리의 몸은 덜덜 떨립니다. 체온이 내려가면 몸은 스스로 움직여서 열이 나게 하고, 떨어진 체온을 올립니다.

Q2 체온이 올라가면 어떻게 되나요?

운동을 하거나 더운 여름이 되면 우리의 체온은 올라갑니다. 그러면 몸은 체온을 낮추기 위해 땀이 나도록 하는데, 땀이 마르면서 올라갔던 체온이 낮아집니다.

발음 듣기

🇰🇷 體 체

🇨🇳 体 티

🇯🇵 体 타이

어제의 한자

훈 음

오늘 배울 한자를 만나 봅시다.

비로소
출발하는구나!

始 비로소를 뜻하고

시 라고 읽어요.

始 비로소
시

始 비로소 시

6급 Ⅱ | 부수 女 | 총 8획

'비로소'를 뜻합니다. '비로소'란 어떤 일이 처음 이루어지거나 변하기 시작할 때 쓰는 말입니다.

순서에 맞게 한자를 써 봅시다.

く　乀　女　女'　女ヽ　女ム　始　始

비로소 시	비로소 시	비로소 시	비로소 시
비로소 시	비로소 시	비로소 시	비로소 시
비로소 시	비로소 시	비로소 시	비로소 시

오늘 배운 한자가 쓰인 단어의 뜻을 알아보고, 예문을 읽어 봅시다.

수학 **始 작**
作 지을 작

뜻 일이나 행동의 처음.

예문 미래네 학교는 오전 9시에 1교시 수업을 **시작**합니다.

겨울 **개 始**
開 열 개

뜻 행동이나 일을 시작함.

예문 사마귀는 겨울 동안 알집에 있다가 봄이 되면 행동을 **개시**합니다.

국어 **원 始 인**
原 근원 원   人 사람 인

뜻 인류가 시작되었던 수백만 년 전에 살았던 사람.

예문 불은 **원시인**의 생활을 크게 바꾸어 놓았습니다.

급수 시험
유형 문제

정답 확인

1 다음 밑줄 친 한자어의 독음을 쓰세요.

　　어제 저녁부터 줄넘기 운동을 <u>始作</u>했습니다.

2 다음 한자의 훈(뜻)과 음을 쓰세요.

　　　　　　始

3 다음 한자의 짙게 표시한 획은 몇 번째 쓰는 획인지 〈보기〉에서 찾아 그 번호를 쓰세요.

始

| 〈보기〉 | ① 첫 번째 | ② 두 번째 |
| | ③ 세 번째 | ④ 네 번째 |

정답 쓰기

1

2
훈 _____
음 _____

3

원시인들은 이렇게 살았어요

原 始 人

아주 먼 옛날 원시인들은 주로 동굴이나 큰 바위 아래 살았습니다. 산과 들에서 나는 과일이나 열매를 따 먹으며 생활했습니다. 또한, 동물을 사냥하고, 강이나 바다에서 물고기를 잡아먹기 위해 여러 장소를 옮겨 다니며 살았습니다.

이후 원시인들은 농사를 짓고 동물을 기르면서 한곳에서 생활하기 시작했습니다. 주로 강이나 바다 근처에 집을 짓고 살았습니다. 생활에 필요한 도구와 무기는 돌에 구멍을 뚫거나 돌을 날카롭게 갈아서 만들었습니다. 사냥한 동물은 불을 사용해 익혀 먹었습니다.

한중일 한자

발음 듣기

始 시

始 스

始 시

오늘 배울 한자를 만나 봅시다.

어제의 한자

始

훈 음

____ ____

지을 작

作 짓다를 뜻하고

작이라고 읽어요.

作

作 지을 작

作 지을 **작**

6급Ⅱ | 부수 亻 | 총 7획

'짓다'를 뜻합니다. '짓다'란 재료를 사용해 물건을 만들거나 글을 쓰는 것을 말합니다.

🐼 **순서에 맞게 한자를 써 봅시다.**

丿 亻 亻 仁 作 作 作

지을 작	지을 작	지을 작	지을 작
지을 작	지을 작	지을 작	지을 작
지을 작	지을 작	지을 작	지을 작

교과서 어휘

오늘 배운 한자가 쓰인 단어의 뜻을 알아보고, 예문을 읽어 봅시다.

국어 **作 가** 家 집 가

뜻 소설, 그림, 사진과 같은 예술 작품을 만드는 사람.

예문 글을 읽고 **작가**가 하고 싶은 말이 무엇인지 찾아봅시다.

가을 **作 품** 品 물건 품

뜻 만든 물건.

예문 완성된 미술 **작품**을 친구들에게 소개해 봅시다.

가을 **동 作** 動 움직일 동

뜻 몸이나 손발을 움직임.

예문 행동을 표현하다가 "얼음!"이라고 하면 **동작**을 멈춥니다.

급수 시험 유형 문제

정답 확인

1 다음 밑줄 친 한자어의 독음을 쓰세요.

서점에서 제가 좋아하는 <u>作家</u>를 만났습니다.

2 다음 한자의 훈(뜻)과 음을 쓰세요.

作

3 다음 밑줄 친 한자어를 한자로 쓰세요.

동물의 <u>동작</u>을 몸으로 표현하는 놀이를 했습니다.

정답 쓰기

1

2

훈 ⋯⋯⋯⋯⋯

음 ⋯⋯⋯⋯⋯

3

작가가 되고 싶어요

작가는 글이나 사진, 그림, 조각과 같은 예술 작품을 만드는 사람이에요.

소설가

현실에 있을 것 같은 이야기를 상상하여 글을 쓰는 사람입니다.

화가

색연필, 물감과 같은 미술 재료를 이용하여 그림을 그리는 사람입니다.

작곡가

음의 높낮이와 박자를 생각하여 음악을 만드는 사람입니다.

안무가

노래나 공연의 주제에 맞게 춤을 만들고 가르치는 사람입니다.

만드는 것에 따라 모두 다양한 작가가 될 수 있어요.

발음 듣기

🇰🇷 作 작   🇨🇳 作 쭈어   🇯🇵 作 사쿠

오늘 배울 한자를 만나 봅시다.

果　**실과**를 뜻하고

과라고 읽어요.

果 실과 과

果

실과 과

6급 II | 부수 木 | 총 8획

열매가 주렁주렁 달린 과일나무 모양을 따라 만든 글자로, '실과'를 뜻합니다. '실과'는 과일과 같은 말입니다.

 순서에 맞게 한자를 써 봅시다.

| 一 口 曰 日 旦 里 果 果 |

실과 과	실과 과	실과 과	실과 과
실과 과	실과 과	실과 과	실과 과
실과 과	실과 과	실과 과	실과 과

오늘 배운 한자가 쓰인 단어의 뜻을 알아보고, 예문을 읽어 봅시다.

수학 **결 果**
結 맺을 결

뜻 '열매를 맺는다'는 뜻으로, 어떤 원인으로 생긴 일.
예문 조사한 자료의 **결과**를 표로 나타내 봅시다.

국어 **성 果**
成 이룰 성

뜻 이루어 낸 결과.
예문 우리 반은 이어달리기 경기에서 좋은 **성과**를 얻었습니다.

가을 **果 수 원**
樹 나무 수   園 동산 원

뜻 과일나무를 심어 가꾸는 곳.
예문 **과수원**에서 주렁주렁 열린 감을 땄습니다.

급수 시험
유형 문제

정답 확인

1 다음 밑줄 친 한자어의 독음을 쓰세요.

우리 반은 교내 합창 대회에서 좋은 <u>成果</u>를 얻었습니다.

2 다음 한자의 훈(뜻)과 음을 쓰세요.

果

3 다음 ( ) 안에 알맞은 한자를 〈보기〉에서 찾아 그 번호를 쓰세요.

〈보기〉   ① 東   ② 男   ③ 果

개구리알을 관찰한 結(   )를 보고서로 작성했습니다.

정답 쓰기

1

2
훈
음

3

[복습 한자] 東 동녘 동
男 사내 남

과수원에서 열매를 찾아요
果 樹 園

🐾 '과일'을 뜻하는 한자가 열린 열매의 개수를 써 봅시다. ☐ 개

🇰🇷 果 과　　🇨🇳 果 구어　　🇯🇵 果 카

 오늘 배울 한자를 만나 봅시다.

淸 **맑다**를 뜻하고
청이라고 읽어요.

淸 맑을 청

清

맑을 청

6급II | 부수 氵 | 총11획

뜻을 나타내는 '氵(물 수)'와 음을 나타내는 '靑(푸를 청)'을 합해 만든 글자로, 물이 깨끗하고 '맑다'는 뜻입니다.

순서에 맞게 한자를 써 봅시다.

丶 丶 氵 氵 氵 汯 淸 淸 淸 淸 淸

맑을 청	맑을 청	맑을 청	맑을 청
맑을 청	맑을 청	맑을 청	맑을 청
맑을 청	맑을 청	맑을 청	맑을 청

오늘 배운 한자가 쓰인 단어의 뜻을 알아보고, 예문을 읽어 봅시다.

가을 **淸 명**
明 밝을 명

뜻 날씨나 소리가 맑고 밝음.
예문 악기를 만들어 **청명**한 가을의 소리를 표현해 봅시다.

국어 **淸 소**
掃 쓸 소

뜻 쓸고 닦아서 깨끗하게 함.
예문 환경미화원은 거리를 깨끗이 **청소**해 주십니다.

가을 **淸 결**
潔 깨끗할 결

뜻 맑고 깨끗함.
예문 동물 사육사는 사육장의 **청결** 상태를 확인하는 일을 합니다.

급수 시험 유형 문제

정답 확인

1 다음 밑줄 친 한자어의 독음을 쓰세요.

오늘은 하늘이 푸르고 구름이 없는 <u>淸明</u>한 날씨입니다.

2 다음 한자의 훈(뜻)과 음을 쓰세요.

淸

3 다음 뜻에 맞는 한자어를 〈보기〉에서 찾아 그 번호를 쓰세요.

| 〈보기〉 | ① 淸明 | ② 淸掃 | ③ 淸潔 |

쓸고 닦아서 깨끗하게 함.

정답 쓰기

1

2

훈 ·············

음 ·············

3

깨끗하게 청소해요

清 掃

🐾 평소 생활하는 자신의 방을 깨끗하게 청소해 봅시다.

1 침대나 이불 위에 물건을 어질러 놓지 않습니다.

2 쓰레기는 쓰레기통에 버립니다.

3 자고 일어나면 이불을 깨끗하게 접습니다.

4 읽지 않는 책은 책꽂이에 꽂고, 쓰지 않는 학용품은 제자리에 가져다 놓습니다.

5 더러워진 옷은 세탁 바구니에 넣고, 다시 입어야 하는 옷은 옷걸이에 걸어 둡니다.

발음 듣기

🇰🇷 清 청　🇨🇳 请 칭　🇯🇵 清 세-

오늘 배울 한자를 만나 봅시다.

風 **바람**을 뜻하고
풍이라고 읽어요.

風 바람 풍

風

바람 풍

| 6급 II | 부수 風 | 총 9획 |

공기가 움직이면서 부는 '바람'을 뜻합니다.

 순서에 맞게 한자를 써 봅시다.

丿 几 凡 凡 凨 凬 凮 風 風

風	風	風	風
바람 풍	바람 풍	바람 풍	바람 풍
바람 풍	바람 풍	바람 풍	바람 풍
바람 풍	바람 풍	바람 풍	바람 풍

오늘 배운 한자가 쓰인 단어의 뜻을 알아보고, 예문을 읽어 봅시다.

겨울 **風 차**
車 수레 차

뜻 바람의 힘으로 날개바퀴를 돌려 기계를 움직이는 장치.
예문 우유갑과 색종이로 **풍차**를 만들었습니다.

가을 **風 경**
景 볕 경

뜻 자연이나 지역의 모습.
예문 학교 주변을 산책하며 가을 **풍경**을 살펴봅시다.

국어 **소 風**
消 사라질 소

뜻 자연으로 나가 경치를 구경하며 노는 일.
예문 흰 뭉게구름이 마치 줄지어 **소풍**을 가는 것 같습니다.

 급수 시험 유형 문제

정답 확인

1 다음 밑줄 친 한자어의 독음을 쓰세요.

바람이 많이 부는 날은 <u>風車</u>가 힘차게 돌아갑니다.

2 다음 한자의 훈(뜻)과 음을 쓰세요.

風

3 다음 (   ) 안에 알맞은 한자를 〈보기〉에서 찾아 그 번호를 쓰세요.

〈보기〉   ① 景   ② 風   ③ 車

엄마와 함께 消(   ) 가서 먹을 도시락을 준비했습니다.

정답 쓰기

1

2
훈 _____
음 _____

3

바람, 바람, 바람

 風　　 風　　 風

바람은 계절과 날씨에 따라서 세기도 다르고 방향도 다르게 불어요.

옛날에는 바람의 방향이나 종류에 따라 예쁜 이름을 만들어 불렀어요.

칼바람에 손발이 얼어붙었어요.

🐾 칼바람
날카로운 칼에 베인 것처럼 매우 차갑고 매서운 바람입니다.

문틈으로 황소바람이 들어와서 너무 추워요.

🐾 황소바람
황소의 콧구멍에서 나는 숨소리처럼 소리를 내며 좁은 틈으로 들어오는 겨울바람입니다.

하늬바람이 부니 나뭇가지도 살랑살랑하네.

🐾 하늬바람
서쪽에서 불어오는 시원한 바람으로, '하늬'는 '서쪽'을 가리키는 말입니다.

발음 듣기

風 풍　　风 펑　　風 후-

🐼 오늘 배울 한자를 만나 봅시다.

光 빛을 뜻하고
광이라고 읽어요.

✂ 光 빛 광

光 빛광

6급 II | 부수 儿 | 총 6획

밝고 환한 '빛'을 뜻합니다.

🐼 순서에 맞게 한자를 써 봅시다.

| ⎮ | ⎮ | ⺌ | 业 | 半 | 光 |

光	光	光	光
빛 광	빛 광	빛 광	빛 광
빛 광	빛 광	빛 광	빛 광
빛 광	빛 광	빛 광	빛 광

교과서 어휘

오늘 배운 한자가 쓰인 단어의 뜻을 알아보고, 예문을 읽어 봅시다.

국어
夜 밤 야

뜻 어두운 곳에서 빛을 냄.

예문 어머니께서 **야광** 구슬처럼 빛나는 보름달을 가리키셨습니다.

가을
線 줄 선

뜻 빛의 줄기.

예문 고구마는 직사**광선**을 피해 시원한 곳에 보관해야 합니다.
'직사광선'은 다른 것에 가리지 않고 바로 비치는 빛입니다.

겨울
觀 볼 관

뜻 다른 곳에 가서 경치나 풍습을 구경함.

예문 다른 나라에 **관광**을 하러 가면 그 나라의 문화를 이해하고 존중하는 자세가 중요합니다.

급수 시험 유형 문제

정답 확인

1 다음 밑줄 친 한자어의 독음을 쓰세요.

친구에게 생일 선물로 <u>夜光</u> 팔찌를 받았습니다.

2 다음 한자의 훈(뜻)과 음을 쓰세요.

光

3 다음 한자의 짙게 표시한 획은 몇 번째 쓰는 획인지 〈보기〉에서 찾아 그 번호를 쓰세요.

光

| 〈보기〉 | ① 첫 번째 | ② 두 번째 |
| | ③ 세 번째 | ④ 네 번째 |

정답 쓰기

1

2
훈 ----------
음 ----------

3

반짝반짝 빛을 내는 별

어두운 밤하늘에서 빛을 내는 별들을 많이 볼 수 있어요.

Q1 별은 왜 빛나 보이나요?

별은 스스로 빛을 냅니다. 별은 지구로부터 멀리 떨어져 있지만, 빛이 매우 밝기 때문에 우리의 눈으로 반짝이는 별을 볼 수 있습니다.

나의 빛은 매우 밝아서 지구에서도 보여.

Q2 별은 왜 밤에만 볼 수 있나요?

낮에는 태양이 너무 밝아서 별을 볼 수 없습니다. 요즘에는 밤이 되어도 도시의 밝은 불빛 때문에 별을 보기가 어렵습니다. 불빛이 없는 곳에서는 별이 더 많이 빛나는 것을 볼 수 있습니다.

태양 때문에 낮에는 우리가 보이지 않아.

Q3 별은 별(☆) 모양으로 생겼나요?

우리는 별을 그릴 때 ☆ 모양으로 그립니다. 우리가 별을 볼 때는 빛이 번져서 별(☆) 모양과 비슷하게 보이기 때문입니다. 그러나 실제 별 모양은 대부분 동그랗습니다.

지구에서는 우리가 이렇게 보인대.

원래 우린 동그란 모습인데….

발음 듣기

 光 광

 光 광

🇯🇵 光 코-

오늘 배울 한자를 만나 봅시다.

明 **밝다**를 뜻하고
명이라고 읽어요.

明 밝을 명

明 밝을 명

6급Ⅱ | 부수 日 | 총 8획

해〔日〕와 달〔月〕을 합해 만든 글자로, 빛이 '밝다'를 뜻합니다.

🐼 순서에 맞게 한자를 써 봅시다.

| 丨 | 冂 | 月 | 日 | 明 | 明 | 明 | 明 |

明	明	明	明
밝을 명	밝을 명	밝을 명	밝을 명

밝을 명	밝을 명	밝을 명	밝을 명

밝을 명	밝을 명	밝을 명	밝을 명

오늘 배운 한자가 쓰인 단어의 뜻을 알아보고, 예문을 읽어 봅시다.

국어 **발 明**
發 필 발

뜻 지금까지 없던 것을 처음 만들어 냄.

예문 물을 시원하게 해 주는 냉장 빨대를 **발명**하고 싶습니다.

안전 **설 明**
說 말씀 설

뜻 다른 사람이 잘 알 수 있도록 말함.

예문 119에 신고할 때는 상황을 자세히 **설명**해야 합니다.

국어 **明 랑**
朗 밝을 랑

뜻 밝고 환함. 유쾌하고 활발함.

예문 선생님께 우렁차고 **명랑**한 목소리로 인사했습니다.

정답 확인

1 다음 밑줄 친 한자어의 독음을 쓰세요.

미국의 라이트 형제는 비행기를 <u>發明</u>했습니다.

2 다음 한자의 훈(뜻)과 음을 쓰세요.

明

3 다음 뜻에 맞는 한자어를 〈보기〉에서 찾아 그 번호를 쓰세요.

〈보기〉　① 說明　② 發明　③ 明朗

다른 사람이 잘 알 수 있도록 말함.

정답 쓰기

1

2

훈 ----------

음 ----------

3

조선 시대의 발명왕, 장영실

發 明 王

조선 시대의 과학자이자 발명가인 장영실은 주인의 밑에서 일해야 하는 노비였습니다. 그러나 장영실은 다양한 물건을 만들고 잘 고치는 재능이 있었습니다. 이 재능을 세종 대왕이 알게 되어 장영실은 궁궐에서 백성들의 삶에 필요한 과학 기구들을 발명할 수 있었습니다.

앙부일구

솥 모양의 해시계입니다. 가운데 세워진 침이 만드는 그림자를 보고 시간을 알 수 있습니다.

자격루

물의 양으로 시간을 알려 주는 물시계입니다. 비가 오거나 밤이 되어도 시간을 알 수 있습니다.

측우기

통 안에 고이는 물로 비가 내린 양을 알 수 있습니다. 측우기는 농사에 큰 도움이 되었습니다.

발음 듣기

明 명　　　明 밍　　　明 메-

 오늘 배울 한자를 만나 봅시다.

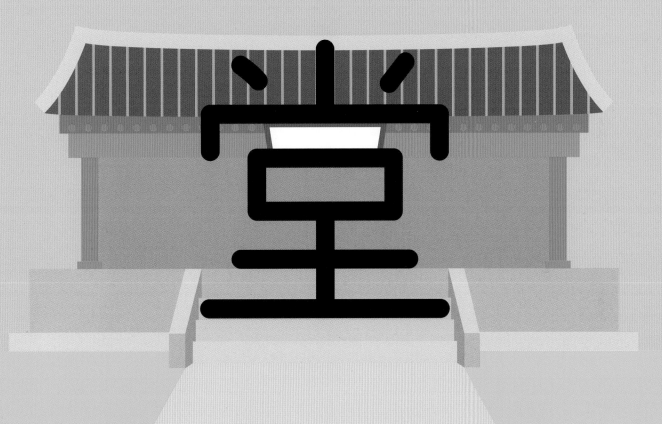

堂 집을 뜻하고
당이라고 읽어요.

堂 집 당

堂 집 당

6급 II | 부수 土 | 총 11획

흙을 높이 쌓아 올린 곳 위에 있는 집을 나타낸 글자로, 대궐같이 큰 '집'을 뜻합니다.

 순서에 맞게 한자를 써 봅시다.

丨 丬 丬 丬 严 严 肖 肖 堂 堂 堂

집당	집당	집당	집당
집당	집당	집당	집당
집당	집당	집당	집당

오늘 배운 한자가 쓰인 단어의 뜻을 알아보고, 예문을 읽어 봅시다.

국어 **서 堂**
書 글 서

- 뜻 글방. 옛날에 글을 배우던 곳.
- 예문 지난 여름 방학에 **서당**에서 겪은 일을 노래로 표현했습니다.

가을 **강 堂**
講 욀 강

- 뜻 여러 사람이 모여 이야기를 하거나 듣는 큰 건물.
- 예문 학교 **강당**에서 우리 동네 전시회가 열렸습니다.

가을 **경 로 堂**
敬 공경 경   老 늙을 로

- 뜻 노인들이 모여 쉴 수 있게 마련한 집.
- 예문 **경로당**에서 할머니, 할아버지들을 위한 공연을 했습니다.

급수 시험 유형 문제

정답 확인

1 다음 밑줄 친 한자어의 독음을 쓰세요.

조선 시대 어린이들은 **書堂**에서 공부했습니다.

2 다음 한자의 훈(뜻)과 음을 쓰세요.

堂

3 다음 (   ) 안에 알맞은 한자를 〈보기〉에서 찾아 그 번호를 쓰세요.

〈보기〉   ① 室   ② 空   ③ 堂

講(   )에서 작은 음악회가 열릴 예정입니다.

정답 쓰기

1

2
훈 ....
음 ....

3

[복습 한자] 室 집 실
空 빌 공

서당개 삼 년이면 풍월을 읊는다

書 堂

'서당개 삼 년이면 풍월을 읊는다.'라는 말은 서당(옛날의 학교)에서 매일 글 읽는 소리를 들으면 글자를 모르는 개조차 어느 정도의 배움을 얻을 수 있다는 뜻입니다. 지식이나 경험이 없는 사람이라도 오랫동안 반복해서 보고 들으면 자연스럽게 그 일을 할 수 있다는 말입니다.

발음 듣기

 堂 당

 堂 탕

 堂 도-

어제의 한자

堂

훈 　 음

_____ _____

🐼 오늘 배울 한자를 만나 봅시다.

이익이 점점
많아져요.

利 　 **이하다**를 뜻하고
　　 리라고 읽어요.

利 이할 리

利 이할 리

6급Ⅱ | 부수 刂 | 총 7획

'이하다'를 뜻합니다. '이하다'는 이익이 있어 이롭다는 뜻입니다.

순서에 맞게 한자를 써 봅시다.

丿 二 千 禾 禾 利 利

이할 리	이할 리	이할 리	이할 리
이할 리	이할 리	이할 리	이할 리
이할 리	이할 리	이할 리	이할 리

교과서 어휘

오늘 배운 한자가 쓰인 단어의 뜻을 알아보고, 예문을 읽어 봅시다.

안전 **利 用**
用 쓸 용

뜻 필요에 맞게 알맞게 씀.

예문 교통수단을 잘못 **이용**하면 사고가 날 수도 있습니다.

가을 **利 익**
益 더할 익

뜻 보탬이나 도움이 되는 것.

예문 동네의 **이익**을 위해 할 수 있는 일을 찾아 실천해 봅시다.

가을 **승 利**
勝 이길 승

뜻 겨루어서 이김.

예문 가을에 열린 체육 대회에서 백팀이 **승리**했습니다.

급수 시험 유형 문제

정답 확인

1 다음 밑줄 친 한자어의 독음을 쓰세요.

　　빨대를 <u>利用</u>해 물감을 불어 그림을 그렸습니다.

2 다음 한자의 훈(뜻)과 음을 쓰세요.

利

3 다음 뜻에 맞는 한자어를 〈보기〉에서 찾아 그 번호를 쓰세요.

| 〈보기〉 | ① 利用 | ② 利益 | ③ 勝利 |

　　겨루어서 이김.

정답 쓰기

1

2

훈 ------------

음 ------------

3

휴대 전화를 바르게 이용해요

利 用

한자 2-2 3주 1일 - 4

1 부모님의 휴대 전화를 허락 없이 사용하지 않습니다.

2 게임을 오래 하거나 동영상을 많이 보지 않습니다.

3 길을 걸어가면서 문자를 보내거나 게임을 하지 않습니다.

4 다른 사람의 허락 없이 사진을 찍거나 동영상을 촬영하지 않습니다.

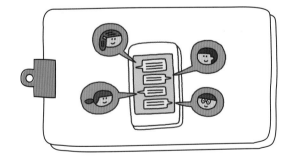

5 메시지를 주고받을 때 상대방의 기분을 상하게 하는 말을 사용하지 않습니다.

발음 듣기

利 리   利 리   利 리

오늘 배울 한자를 만나 봅시다.

를 뜻하고

용 이라고 읽어요.

어제의 한자

利

훈 음 쓸 용

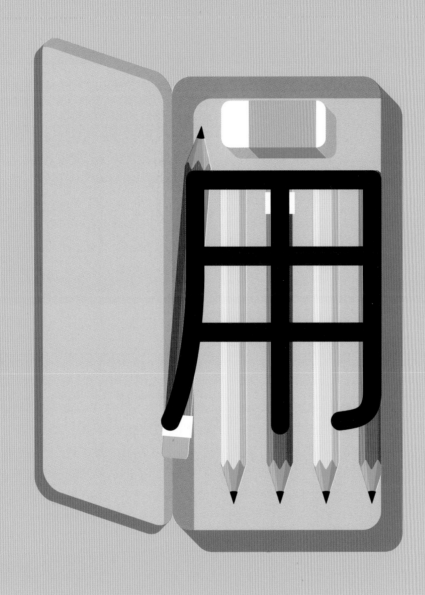

用 **쓰다**를 뜻하고

용이라고 읽어요.

用 쓸 용

用

쓸 용

6급Ⅱ | 부수 用 | 총 5획

'쓰다'를 뜻합니다. '쓰다'는 물건이나 도구를 사용하는 것을 말합니다.

순서에 맞게 한자를 써 봅시다.

ノ	刀	月	月	用

用	用	用	用
쓸 용	쓸 용	쓸 용	쓸 용
쓸 용	쓸 용	쓸 용	쓸 용
쓸 용	쓸 용	쓸 용	쓸 용

오늘 배운 한자가 쓰인 단어의 뜻을 알아보고, 예문을 읽어 봅시다.

수학 **활 用**
活 살 활

- 뜻 충분히 잘 이용함.
- 예문 친구들이 좋아하는 간식을 그래프를 **활용**하여 나타내 봅시다.

국어 **일 회 用**
一 한 일 · 回 돌아올 회

- 뜻 한 번 쓰고 버림.
- 예문 자연 보호를 위해 산에 버려진 **일회용**품을 주워 왔습니다.

국어 **학 用 품**
學 배울 학 · 品 물건 품

- 뜻 공부하는 데 쓰는 물건.
- 예문 **학용품**에는 이름을 꼭 씁시다.

 급수 시험 유형 문제

정답 확인

1 다음 밑줄 친 한자어의 독음을 쓰세요.

미술 시간을 <u>活用</u>하여 학급 게시판을 꾸몄습니다.

2 다음 한자의 훈(뜻)과 음을 쓰세요.

用

3 다음 한자의 짙게 표시한 획은 몇 번째 쓰는 획인지 〈보기〉에서 찾아 그 번호를 쓰세요.

用

| 〈보기〉 | ① 두 번째 | ② 세 번째 |
| | ③ 네 번째 | ④ 다섯 번째 |

정답 쓰기

1

2
훈 ....
음 ....

3

일회용 물건의 사용을 줄여요

 一 回 用

우리는 생활에서 한 번만 쓰고 버리는 편리한 일회용품을 많이 사용하고 있습니다. 그러나 나무젓가락, 종이컵, 빨대 같은 일회용품은 오랫동안 썩지 않고 땅에 쌓여서 환경을 오염시킵니다.

어떻게 하면 일회용품의 사용을 줄일 수 있을까요?

일회용 빨대 사용을 줄입니다.

손을 닦을 때는 손수건을 사용합니다.

비닐봉지 대신 가방이나 시장바구니를 사용합니다.

종이컵 대신 여러 번 쓸 수 있는 컵이나 물병을 사용합니다.

한중일
한자

발음 듣기

 用 용

 用 용

 用 요-

 오늘 배울 한자를 만나 봅시다.

注 **붓다**를 뜻하고

주라고 읽어요.

注 부을 주

注 부을 주

6급 II | 부수 氵 | 총 8획

뜻을 나타내는 '氵(물 수)'와 음을 나타내는 '主(주인 주)'를 합해 만든 글자로, 물을 다른 곳으로 옮겨 '붓다'를 뜻합니다.

🐼 **순서에 맞게 한자를 써 봅시다.**

丶 丶 氵 氵 氵 泸 泸 注 注

부을 주	부을 주	부을 주	부을 주
부을 주	부을 주	부을 주	부을 주
부을 수	부을 수	부을 주	부을 주

오늘 배운 한자가 쓰인 단어의 뜻을 알아보고, 예문을 읽어 봅시다.

겨울 **注 사**
射 쏠 사

뜻 주사기로 약물을 몸에 넣음.
예문 건강하게 겨울을 나기 위해 독감 **주사**를 맞았습니다.

국어 **注 의**
意 뜻 의

뜻 마음에 새겨 두고 조심함.
예문 친구들 앞에서 이야기할 때 **주의**할 점을 생각해 봅시다.

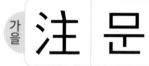

가을 **注 문**
文 글월 문

뜻 물건을 만들거나 보내달라고 하는 것.
예문 방방곡곡에서 좋은 재료들을 찾아보고 **주문**합니다.

급수 시험 유형 문제

정답 확인

1 다음 밑줄 친 한자어의 독음을 쓰세요.

눈길을 걸을 때는 미끄러지지 않도록 <u>注意</u>해야 합니다.

2 다음 한자의 훈(뜻)과 음을 쓰세요.

注

3 다음 ( ) 안에 알맞은 한자를 〈보기〉에서 찾아 그 번호를 쓰세요.

〈보기〉 ① 注 ② 江 ③ 淸

동생은 ( )射를 맞기도 전에 울음을 터뜨렸습니다.

정답 쓰기

1

2

훈

음

3

[복습 한자] 江 강 강
淸 맑을 청

한자 '注'를 찾아요

주

🐾 '붓다'를 뜻하는 한자를 찾아 색칠하고, 숨겨진 글자의 번호를 써 봅시다.

住	注	注	注	注	注	注	注	注	主
主	住	住	住	注	主	王	王	住	主
主	王	王	注	主	注	主	王	住	主
主	王	注	主	住	住	注	主	住	主
主	注	王	主	主	主	主	注	主	住
住	住	住	住	住	王	主	主	王	住
注	注	注	注	注	注	注	注	注	主
住	住	住	王	注	住	王	住	王	主
主	主	王	王	注	住	王	住	王	主
主	主	王	王	注	住	王	住	王	主

❶ 구 　❷ 수 　❸ 주 　❹ 추

한중일 한자

🇰🇷 注 주 　　 🇨🇳 注 쮸 　　 🇯🇵 注 츄-

🐼 오늘 배울 한자를 만나 봅시다.

意 뜻을 뜻하고
의라고 읽어요.

✂ 意 뜻의

意

뜻 의

6급 II 부수 心 총 13획

마음 속에 있는 '뜻'이나 '생각'을 뜻합니다.

 순서에 맞게 한자를 써 봅시다.

`丶 二 亠 立 音 音 音 音 音 意 意 意`

意	意	意	意
뜻 의	뜻 의	뜻 의	뜻 의
뜻 의	뜻 의	뜻 의	뜻 의
뜻 의	뜻 의	뜻 의	뜻 의

오늘 배운 한자가 쓰인 단어의 뜻을 알아보고, 예문을 읽어 봅시다.

국어 **意 미**
味 맛 미

- 뜻 말이나 글, 행동에 담긴 뜻.
- 예문 헷갈리는 낱말의 **의미**를 찾아 바른말 사전을 만들어 봅시다.

겨울 **意 견**
見 볼 견

- 뜻 어떤 것에 대한 생각이나 느낌.
- 예문 친구들의 **의견**을 잘 듣고 이해하려고 노력합니다.

국어 **意 외**
外 바깥 외

- 뜻 생각이나 예상을 하지 못함.
- 예문 **의외**의 곳에서 친구를 만나 깜짝 놀랐습니다.

 급수 시험
유형 문제

정답 확인

1 다음 밑줄 친 한자어의 독음을 쓰세요.

주말이라 붐빌 줄 알았는데 **意外**로 사람이 없었습니다.

2 다음 한자의 훈(뜻)과 음을 쓰세요.

意

3 다음 뜻에 맞는 한자어를 〈보기〉에서 찾아 그 번호를 쓰세요.

| 〈보기〉 | ① 意見 | ② 意味 | ③ 意外 |

말이나 글, 행동에 담긴 뜻.

정답 쓰기

1

2

훈 ----------

음 ----------

3

국수에 담긴 의미

意 味

옛날에 국수는 집안에 잔치나 제사와 같이 중요한 일이 있을 때만 먹는 귀한 음식이었습니다. 결혼식 날에는 국수의 긴 면발처럼 신랑과 신부가 오래오래 행복하게 살기를 바라는 마음으로 손님들에게 국수를 대접했습니다. 요즘에도 결혼하는 날을 '국수 먹는 날'이라고 말하기도 합니다.

중국에서는 생일에 국수를 먹습니다. 국수처럼 길고 오래 살라는 마음이 담겨 있습니다.

일본에서는 12월 31일 밤에 국수를 먹습니다. 긴 국수처럼 오래 살기를 바라는 마음이 담겨 있습니다.

발음 듣기

意 의

意 이

意 이

오늘 배울 한자를 만나 봅시다.

勇 **날래다**를 뜻하고

용이라고 읽어요.

勇 날랠 용

勇 날랠 용

6급Ⅱ | 부수 力 | 총 9획

'날래다'를 뜻합니다. '날래다'는 움직임이 나는 듯이 빠르다는 뜻과 씩씩하고 용감하다는 뜻이 있습니다.

순서에 맞게 한자를 써 봅시다.

丆 丆 丆 吊 吊 甬 甬 勇 勇

날랠 용	날랠 용	날랠 용	날랠 용
날랠 용	날랠 용	날랠 용	날랠 용
날랠 용	날랠 용	날랠 용	날랠 용

오늘 배운 한자가 쓰인 단어의 뜻을 알아보고, 예문을 읽어 봅시다.

국어 **勇 기**
氣 기운 기

뜻 씩씩하고 굳센 기운.

예문 친구에게 **용기**를 내어 사과 편지를 보냈습니다.

수학 **勇 감**
敢 감히 감

뜻 용기 있고 씩씩함.

예문 **용감**하게 걷고 있는 병정의 수를 곱셈식으로 나타내 봅시다.

국어 **勇 맹**
猛 사나울 맹

뜻 용감하고 사나움.

예문 **용맹**한 장군의 모습을 실감나게 표현해 봅시다.

급수 시험 유형 문제

정답 확인

1 다음 밑줄 친 한자어의 독음을 쓰세요.

처음 만난 친구에게 **勇氣**를 내어 먼저 인사했습니다.

2 다음 한자의 훈(뜻)과 음을 쓰세요.

勇

3 다음 ( ) 안에 알맞은 한자를 〈보기〉에서 찾아 그 번호를 쓰세요.

〈보기〉	① 用	② 男	③ 勇

제 꿈은 씩씩하고 (　　　)敢한 경찰이 되는 것입니다.

정답 쓰기

1

2

훈 _____

음 _____

3

[복습 한자] 用 쓸 용
男 사내 남

용기를 주는 속담

勇 氣

'하늘이 무너져도 솟아날 구멍이 있다.'라는 말은 하늘이 무너지는 것처럼 아주 큰 어려움이 발생해도 그것을 해결할 수 있는 방법이 반드시 있다는 뜻입니다. 힘든 일이 있어도 포기하거나 속상해하지 말고 헤쳐 나갈 방법을 찾는다면 분명히 좋은 결과가 기다리고 있을 겁니다.

한중일 한자

발음 듣기

 勇 용

 勇 용

勇 유-

오늘 배울 한자를 만나 봅시다.

昨 **어제**를 뜻하고

작이라고 읽어요.

昨 어제 작

昨 어제 **작**

6급Ⅱ | 부수 日 | 총 9획

하루가 잠깐 사이에 지나갔다는 뜻을 나타낸 글자로, 지나간 날인 '어제'를 뜻합니다.

🐼 순서에 맞게 한자를 써 봅시다.

丨 冂 冂 日 日 旷 旷 昨 昨

어제 작	어제 작	어제 작	어제 작
어제 작	어제 작	어제 작	어제 작
어제 작	어세 작	어세 작	어세 작

오늘 배운 한자가 쓰인 단어의 뜻을 알아보고, 예문을 읽어 봅시다.

국어  昨 년
年 해 년

뜻 지난해.

예문 **작년**에 같은 반이었던 친구에게 선생님을 소개했습니다.

국어 재  昨 년
再 두 재　　　　　年 해 년

뜻 지난해의 바로 전 해.

예문 내 짝은 **재작년**에 우리 동네로 이사 왔습니다.

★2017년★
2018년
2019년 → 올해

국어 昨 금
今 이제 금

뜻 어제와 오늘. 요즈음.

예문 **작금**의 현실을 담은 신문 기사를 읽고 주요 내용을 말해 봅시다.

급수 시험
유형 문제

정답 확인

1 다음 밑줄 친 한자어의 독음을 쓰세요.

昨年 겨울에 이사 간 친구에게 연락이 왔습니다.

2 다음 한자의 훈(뜻)과 음을 쓰세요.

昨

3 다음 뜻에 맞는 한자어를 〈보기〉에서 찾아 그 번호를 쓰세요.

| 〈보기〉 | ① 昨年 | ② 昨今 | ③ 來年 |

어제와 오늘. 요즈음.

정답 쓰기

1

2
훈 ------------------
음 ------------------

3

[복습 한자] 來 올 래

달라진 어제와 오늘

우리의 생활 모습은 계속해서 새로워지고 다양해지고 있어요.

지금은 당연하게 생각하고 쓰는 물건 중에 예전에는 없었던 것들이 많이 있어요.

🐾 **맷돌 ➡ 믹서(분쇄기)**

맷돌은 둥글고 넓적한 돌을 포개 만든 기구로, 위에 달린 손잡이를 돌려서 곡식을 갈았습니다.

🐾 **가마솥 ➡ 전기 밥솥**

가마솥은 밥을 짓거나 음식을 만들 때 사용하던 솥으로, 아궁이 위에 올려놓고 사용했습니다.

🐾 **호롱불 ➡ 스탠드(책상 등)**

호롱불은 작은 등잔에 기름을 넣고 불을 붙여서 빛을 밝히는 도구입니다.

한중일 한자

발음 듣기

🇰🇷 昨 작　　　🇨🇳 昨 주어　　　🇯🇵 昨 사쿠

🐼 오늘 배울 한자를 만나 봅시다.

今 이제를 뜻하고
금이라고 읽어요.

今 이제 금

今 이제 금

6급Ⅱ | 부수 人 | 총 4획

'이제'를 뜻합니다. '이제'는 지금이나 바로 이때의 시간을 나타내는 말입니다.

순서에 맞게 한자를 써 봅시다.

ノ 人 厶 今

今	今	今	今
이제 금	이제 금	이제 금	이제 금
이제 금	이제 금	이제 금	이제 금
이제 금	이제 금	이세 금	이세 금

교과서 어휘 오늘 배운 한자가 쓰인 단어의 뜻을 알아보고, 예문을 읽어 봅시다.

年 해 년

뜻 올해.
예문 **금년** 11월 달력에서 미래가 할 일을 알아봅시다.

方 모 방

뜻 바로 조금 전.
예문 슬기는 **방금** 찐 노란 고구마를 호호 불며 먹었습니다.

只 다만 지

뜻 바로 이때.
예문 9시에 동굴 문이 닫히는데, **지금** 9시 5분 전이야.

급수 시험 유형 문제

정답 확인

1 다음 밑줄 친 한자어의 독음을 쓰세요.

삼촌은 <u>方今</u> 인천 공항으로 떠나셨습니다.

2 다음 한자의 훈(뜻)과 음을 쓰세요.

今

3 다음 밑줄 친 한자어를 한자로 쓰세요.

할아버지는 "<u>금년</u> 농사는 풍년이구나."라고 말씀하셨습니다.

정답 쓰기

1

2

훈 ....

음 ....

3

작년, 금년, 내년

今 年

🐾 2050년 달력을 보고, 빈칸에 알맞은 숫자를 써 봅시다.

재작년
올해의 전전 해.

작년
올해의 바로 앞 해.

2050년

금년
올해.

내후년
올해의 다다음 해.

내년
올해의 바로 다음 해.

한중일 한자

今 금

今 찐

今 콘

오늘 배울 한자를 만나 봅시다.

反 돌이키다를 뜻하고

반 이라고 읽어요.

反 돌이킬
반

反 돌이킬 반

6급Ⅱ | 부수 又 | 총 4획

{ '돌이키다'는 뜻입니다. '돌이키다'는
방향을 반대로 돌리는 것을 말합니다. }

 순서에 맞게 한자를 써 봅시다.

一 厂 厅 反

反	反	反	反
돌이킬 반	돌이킬 반	돌이킬 반	돌이킬 반
돌이킬 반	돌이킬 반	돌이킬 반	돌이킬 반
놀이킬 반	돌이킬 반	돌이킬 반	돌이킬 반

오늘 배운 한자가 쓰인 단어의 뜻을 알아보고, 예문을 읽어 봅시다.

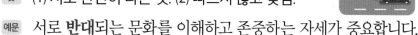

겨울 反대
對 대할 대

뜻 (1) 서로 완전히 다른 것. (2) 따르지 않고 맞섬.
예문 서로 **반대**되는 문화를 이해하고 존중하는 자세가 중요합니다.

겨울 反면
面 낯 면

뜻 앞의 내용과는 반대로.
예문 개구리는 겨울잠을 자는 **반면**, 호랑이는 그렇지 않습니다.

수학 反복
復 회복할 복

뜻 같은 일을 되풀이함.
예문 벽지 무늬의 규칙을 찾아본 후, **반복**되는 모양에 색칠해 봅시다.

급수 시험 유형 문제

정답 확인

1 다음 밑줄 친 한자어의 독음을 쓰세요.

수학 점수는 오른 <u>反面</u>에 국어 점수는 떨어졌습니다.

2 다음 한자의 훈(뜻)과 음을 쓰세요.

反

3 다음 ( ) 안에 알맞은 한자를 〈보기〉에서 찾아 그 번호를 쓰세요.

〈보기〉　　① 方　　　　② 今　　　　③ 反

찬성과 ( )對 의견으로 나뉘었습니다.

정답 쓰기
1

2
훈 ·················
음 ·················

3

[복습 한자] 方 모 방
今 이제 금

반복해서 표현하는 말

反 復

같은 말을 두세 번 반복해서 표현하는 단어가 있습니다. 주로 소리나 모양의 모습을 나타낼 때 많이 사용합니다. 같은 말을 반복해 표현하면 마치 살아서 움직이는 것 같은 느낌을 줍니다.

反 반

反 판

反 한

4주 4일

공부한 날

月 日

어제의 한자

反

훈 음

살필 성

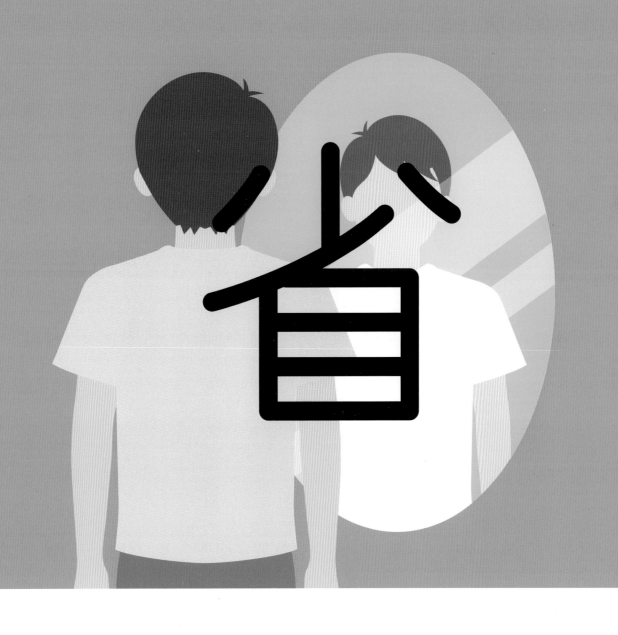

오늘 배울 한자를 만나 봅시다.

省 **살피다**를 뜻하고
성이라고 읽어요.

省 살필 성

省

살필 **성**
덜 **생**

6급 II | 부수 目 | 총 9획

눈〔目〕으로 꼼꼼하게 보며 '살피다'를 뜻합니다.

🐼 순서에 맞게 한자를 써 봅시다.

丿 丨 亅 小 少 少 少 省 省 省

살필 성 / 덜 생	살필 성 / 덜 생	살필 성 / 덜 생	살필 성 / 덜 생
살필 성 / 덜 생	살필 성 / 덜 생	살필 성 / 덜 생	살필 성 / 덜 생
살필 성 / 덜 생	살필 성 / 덜 생	살필 성 / 덜 생	살필 성 / 덜 생

오늘 배운 한자가 쓰인 단어의 뜻을 알아보고, 예문을 읽어 봅시다.

안전

반 省

反 돌이킬 반　省 살필 성

뜻 잘못된 게 없는지 돌이켜 봄.

예문 장난이라며 친구를 괴롭힌 것을 **반성**했습니다.

가을

省 묘

省 살필 성　墓 무덤 묘

뜻 조상의 무덤을 찾아가서 돌봄.

예문 지난 추석에 우리 가족은 **성묘**를 다녀왔습니다.

국어

省 략

省 덜 생　略 간략할 략

뜻 줄이거나 뺌.

예문 친구가 이미 알고 있는 내용은 **생략**하고 소개했습니다.

 급수 시험 유형 문제

정답 확인

1 다음 밑줄 친 한자어의 독음을 쓰세요.

　　장난감 때문에 동생과 다툰 일을 <u>反省</u>했습니다.

2 다음 한자의 훈(뜻)과 음을 쓰세요.

　　　　　　省

3 다음 뜻에 맞는 한자어를 〈보기〉에서 찾아 그 번호를 쓰세요.

〈보기〉　① 省墓　　② 反省　　③ 省略

조상의 무덤을 찾아가서 돌봄.

정답 쓰기

1

2

훈 _____

음 _____

3

소로 변하고 반성한 게으름뱅이

옛날 어느 마을에 맨날 먹고, 자고, 놀기만 하는 게으름뱅이가 살고 있었습니다. 봄이 되어 농사일이 바빠졌지만 게으름뱅이는 평소와 같이 게으름만 피웠습니다. 게으름뱅이는 동네 뒷산을 지나가다 소원을 들어주는 소머리 모양의 탈을 만들고 있는 노인을 만났습니다.

게으름뱅이는 자신이 가져온 옷감과 탈을 바꾸었습니다. 탈을 머리에 쓰자 게으름뱅이의 몸이 소로 바뀌었습니다. 너무 놀라 탈을 벗겨 달라고 말했지만, 사람의 목소리가 아닌 "음메~ 음메~." 하는 소 울음소리만 나왔습니다.

노인은 소로 변한 게으름뱅이를 시장에 데리고 가 농부에게 팔면서 "무를 먹으면 죽으니 무밭에는 데려가지 마십시오."라고 말하였습니다. 그렇게 팔려 간 게으름뱅이는 매일매일 힘겹게 일해야 했습니다.

매일같이 힘들게 일하며 울던 게으름뱅이는 노인의 말이 생각나 무밭으로 달려가 무를 뽑아 먹었습니다. 그러자 게으름뱅이가 쓰고 있었던 소머리 탈이 벗겨지고 다시 사람으로 돌아왔습니다. 게으름뱅이는 자신의 게으름을 반성하고 열심히 일하며 성실하게 살았습니다.

省 성/생   省 셩   省 세-

4주 5일

공부한 날
月 日

오늘 배울 한자를 만나 봅시다.

消 **사라지다**를 뜻하고
소라고 읽어요.

消 사라질
소

消 사라질 소

6급Ⅱ | 부수 氵 | 총 10획

눈이 녹듯 형태가 없이 '사라지다'를 뜻합니다.

` ` 氵 氵 汀 汁 汁 消 消 消

사라질 소	사라질 소	사라질 소	사라질 소
사라질 소	사라질 소	사라질 소	사라질 소
사라질 소	시라질 소	사라질 소	사라질 소

오늘 배운 한자가 쓰인 단어의 뜻을 알아보고, 예문을 읽어 봅시다.

火 불 화

뜻 불을 끔.

예문 불이 났을 때를 대비하여 **소화**기의 위치를 알아 두었습니다.

毒 독 독

뜻 병균을 죽여 없애는 일.

예문 상처가 났을 때는 **소독**을 해야 합니다.

取 가질 취

뜻 생각이나 약속을 없애버림.

예문 이가 아파 약속을 **취소**하고 치과에 갔습니다.

 급수 시험 유형 문제

정답 확인

1 다음 밑줄 친 한자어의 독음을 쓰세요.

우리 학교 3층 복도에는 4개의 <u>消火</u>기가 있습니다.

2 다음 한자의 훈(뜻)과 음을 쓰세요.

消

3 다음 한자의 짙게 표시한 획은 몇 번째 쓰는 획인지 〈보기〉에서 찾아 그 번호를 쓰세요.

〈보기〉 ① 일곱 번째   ② 여덟 번째
③ 아홉 번째   ④ 열 번째

정답 쓰기

1

2

훈 ....

음 ....

3

불을 끄는 소화 기구

 消 火

화재는 언제 어디서든 일어날 수 있는 사고입니다. 불이 나면 놀라지 말고 큰 소리로 불이 났다고 알리고, 119에 신고를 합니다. 불이 났을 때를 대비하여 소화 기구의 위치를 확인하고, 사용법을 알아 둡시다.

소화기

안전핀을 빼고, 손잡이를 움켜쥐며 불을 향해 쏩니다. 통 안에 있는 가루가 나와 불을 끌 수 있습니다.

모래함

모래가 들어 있는 상자입니다. 불이 난 곳에 모래를 뿌려서 덮으면 불을 끌 수 있습니다.

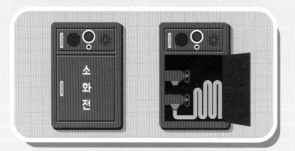

옥내 소화전

불을 끄는 데 필요한 물이 나오는 곳입니다. 아파트나 학교에서 쉽게 볼 수 있습니다.

화재 경보기

연기나 불이 경보기에 닿으면 소리를 내어 사람들에게 화재를 알려 줍니다.

한중일 한자

발음 듣기

🇰🇷 消 소　　🇨🇳 消 씨아오　　🇯🇵 消 쇼-

 오늘 배울 한자를 만나 봅시다.

部 **떼**를 뜻하고
부라고 읽어요.

部 떼부

部 때 부

6급Ⅱ | 부수 阝 | 총 11획

무리를 나타내는 '때'를 뜻합니다. 무리를 '거느리다'는 뜻으로도 쓰입니다.

 순서에 맞게 한자를 써 봅시다.

丶 亠 亠 立 产 产 咅 咅 咅 部 部

때 부	때 부	때 부	때 부
때 부	때 부	때 부	때 부
때 부	때 부	때 부	때 부

오늘 배운 한자가 쓰인 단어의 뜻을 알아보고, 예문을 읽어 봅시다.

안전 部 분
分 나눌 분

뜻 전체를 몇 개로 나눈 것의 하나.
예문 추울 때에는 손가락, 발가락, 귀 **부분**의 동상을 조심해야 합니다.

국어 전 部
全 온전 전

뜻 전체 다. 모두.
예문 엄마와 안 쓰는 장난감을 **전부** 정리했습니다.

겨울 외 部
外 바깥 외

뜻 밖이나 바깥 부분.
예문 **외부**에서 찬 바람이 들어오지 않도록 창문을 꼭 닫았습니다.

급수 시험 유형 문제

정답 확인

1 다음 밑줄 친 한자어의 독음을 쓰세요.

곤충의 몸은 머리, 가슴, 배의 세 <u>部分</u>으로 이루어져 있습니다.

2 다음 한자의 훈(뜻)과 음을 쓰세요.

部

3 다음 밑줄 친 한자어를 한자로 쓰세요.

방학 동안 학교 건물 <u>외부</u>를 고치는 공사를 합니다.

정답 쓰기
1

2
훈 -------
음 -------

3

한자의 지워진 부분을 완성해요

部 分

🐾 모양이 지워진 한자를 연결해 글자를 완성해 봅시다.

① 咅
떼 부

② 肖
사라질 소

③ 乍
어제 작

④ 今
이제 금

ㄱ 阝

ㄴ 日

ㄷ 氵

ㄹ 口

발음 듣기

한중일 한자

🇰🇷 部 부

🇨🇳 部 뿌

🇯🇵 部 부

오늘 배울 한자를 만나 봅시다.

한자 2-2　5주 2일 - 1

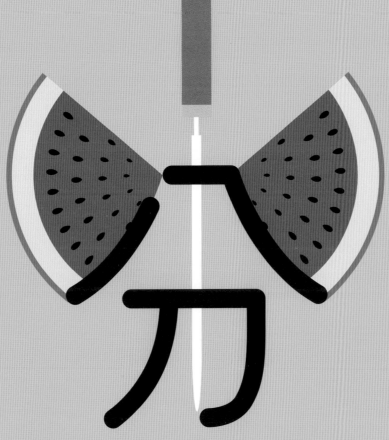

分　나누다를 뜻하고
분이라고 읽어요.

分　나눌 분

分 나눌분

6급Ⅱ | 부수 刀 | 총 4획

{ 칼[刀]로 물건을 쪼개는[八] 모양을 나타낸 글자로, 둘로 '나누다'를 뜻합니다. }

🐼 순서에 맞게 한자를 써 봅시다.

ノ 八 分 分

나눌 분	나눌 분	나눌 분	나눌 분
나눌 분	나눌 분	나눌 분	나눌 분
나눌 분	나눌 분	나눌 분	나눌 분

오늘 배운 한자가 쓰인 단어의 뜻을 알아보고, 예문을 읽어 봅시다.

안전  分 명
明 밝을 명

뜻 흐릿하지 않고 뚜렷함.
예문 싫을 때는 '싫어요.'라고 **분명**하게 말해야 합니다.

국어  分 리
離 떠날 리

뜻 서로 나뉘어 떨어짐.
예문 부모님과 함께 재활용 쓰레기를 **분리**하였습니다.

국어 기 分
氣 기운 기

뜻 마음에 생기는 감정.
예문 선물을 받은 어머니께서 기뻐하셔서 **기분**이 좋았습니다.

 급수 시험 유형 문제

정답 확인

1 다음 밑줄 친 한자어의 독음을 쓰세요.

눈썰매를 타는 것은 생각만 해도 氣分이 즐겁습니다.

2 다음 한자의 훈(뜻)과 음을 쓰세요.

分

3 다음 밑줄 친 한자어를 한자로 쓰세요.

너무 멀리 있어서 분명히 보이지 않았습니다.

정답 쓰기

1

2
훈 _____
음 _____

3

쓰레기는 분리해서 버려요

分 離

우리나라 사람들은 하루에 약 1kg의 쓰레기를 버리고 있습니다. 아무렇게나 버려진 쓰레기는 바다와 땅을 더럽히고, 지구를 오염시킵니다.

우리가 버리는 쓰레기 중 종이나 플라스틱, 유리병은 다시 사용할 수 있기 때문에 분리해서 버려야 합니다.

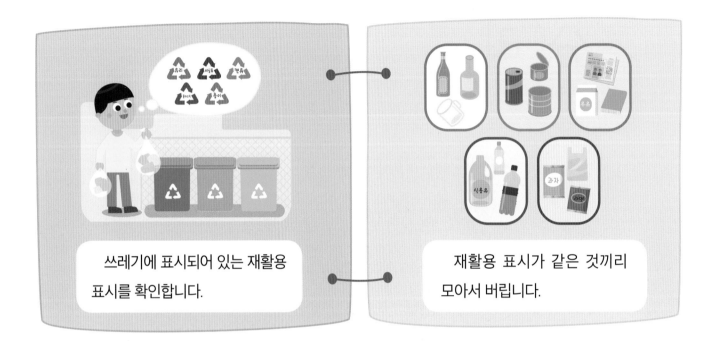

쓰레기에 표시되어 있는 재활용 표시를 확인합니다.

재활용 표시가 같은 것끼리 모아서 버립니다.

쓰레기를 분리해서 버리는 것은 지구를 지키는 방법이에요.

우리 함께 기억하고 실천해요.

- 병과 병뚜껑은 분리해서 따로 버립니다.
- 우유 팩이나 음료수 병은 물로 깨끗하게 씻어서 버립니다.
- 포장 상자는 테이프나 비닐 포장지를 떼어 내고 버립니다.

 발음 듣기

 分 분

分 펀

 分 분

공부한 날
月　日

어제의 한자

分

훈　음
____ ____

오늘 배울 한자를 만나 봅시다.

高

高　**높다**를 뜻하고
고 라고 읽어요.

高 높을 고

高

높을 고

6급 II | 부수 高 | 총 10획

높이 지은 집 모양을 따라 만든 글자로, '높다'를 뜻합니다.

 **순서에 맞게 한자를 써 봅시다.**

`丶 亠 宀 宀 宁 高 高 高 高 高`

높을 고	높을 고	높을 고	높을 고
높을 고	높을 고	높을 고	높을 고
높을 고	높을 고	높을 고	높을 고

오늘 배운 한자가 쓰인 단어의 뜻을 알아보고, 예문을 읽어 봅시다.

국어  高 등

等 무리 등

뜻 등급이나 수준이 높음.

예문 **고등**학생인 언니를 소개할 내용을 정리해 보았습니다.

가을  최 高

最 가장 최

뜻 가장 높거나 으뜸임.

예문 할아버지께서 따 주신 감이 **최고**로 맛있었습니다.

가을  高 속

速 빠를 속

뜻 빠른 속도.

예문 주말에 **고속** 열차를 타고 단풍놀이를 다녀왔습니다.

급수 시험
유형 문제

정답 확인

1 다음 밑줄 친 한자어의 독음을 쓰세요.

외삼촌 결혼식에서 <u>高等</u>학생 사촌 누나를 만났습니다.

2 다음 한자의 훈(뜻)과 음을 쓰세요.

高

3 다음 뜻에 맞는 한자어를 〈보기〉에서 찾아 그 번호를 쓰세요.

〈보기〉 ① 高速 ② 最高 ③ 高等

가장 높거나 으뜸임.

정답 쓰기

1

2

훈 _____

음 _____

3

세계의 고속 열차

高速

일본의 신칸센

1964년 운행을 시작하였고,
평균 시속은 320km입니다.

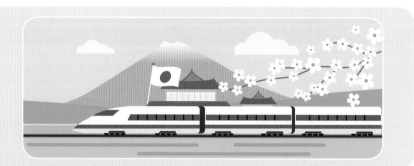

프랑스의 테제베

1981년 운행을 시작하였고,
평균 시속은 320km입니다.

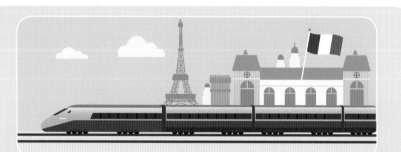

한국의 KTX

2004년 운행을 시작하였고,
평균 시속은 230km입니다.

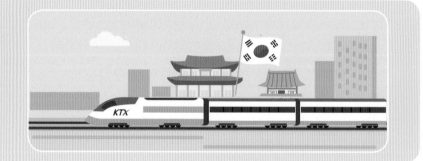

중국의 까오티에

2007년 운행을 시작하였고,
평균 시속은 350km입니다.

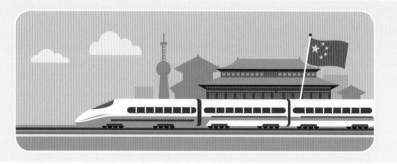

※ 2018년 기준

발음 듣기

高 고

高 까오

高 코-

高速

 오늘 배울 한자를 만나 봅시다.

等 무리를 뜻하고

등이라고 읽어요.

等 무리 등

等

무리 등

6급Ⅱ | 부수 竹 | 총 12획

여럿이 모인 '무리'를 뜻합니다. 좋고 나쁨의 차이를 여러 층으로 구분한 '등급'을 뜻하기도 합니다.

순서에 맞게 한자를 써 봅시다.

丿 ⺊ ⺮ ⺮ ⺮ 竺 竺 笐 笒 笒 等 等

무리 등	무리 등	무리 등	무리 등
무리 등	무리 등	무리 등	무리 등
무리 등	무리 등	무리 등	무리 등

교과서 어휘

오늘 배운 한자가 쓰인 단어의 뜻을 알아보고, 예문을 읽어 봅시다.

가을 **초 等**
初 처음 초

> 뜻 맨 처음 등급이나 맨 아래 등급.
> 예문 우리 **초등**학교를 중심으로 동네의 모습을 그려 봅시다.

가을 **평 等**
平 평평할 평

> 뜻 차별 없이 똑같음.
> 예문 우리의 생김새는 다 다르지만, 모두 **평등**한 사람입니다.

수학 **等 분**
分 나눌 분

> 뜻 똑같이 나눔.
> 예문 피자를 네 조각으로 **등분**하여 나누어 먹었습니다.

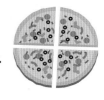

급수 시험 유형 문제

정답 확인

1 다음 밑줄 친 한자어의 독음을 쓰세요.

마틴 루서 킹 목사는 흑인의 자유와 平等을 위해 노력했습니다.

2 다음 한자의 훈(뜻)과 음을 쓰세요.

等

3 다음 밑줄 친 한자어를 한자로 쓰세요.

찰흙을 다섯 개로 등분하여 가졌습니다.

정답 쓰기

1

2
훈 _____
음 _____

3

모든 사람은 평등해요

平 等

옛날 미국의 백인들은 흑인을 차별하고 무시했습니다.

흑인들은 더럽고 냄새나.

흑인들은 식당과 화장실도 따로 써야 했고, 교육도 제대로 받지 못했습니다.

흑인은 못 들어와!

흑인

어느 날, 한 흑인 여성이 버스 앞 좌석에 앉았습니다.

CLEVELND AVE

흑인은 뒤에 앉아요!

왜요

버스에 타고 있던 백인들은 그녀를 욕하고 때렸습니다.

흑인은 버스에 타지 마!

뒤로 가!

그녀는 법을 어겼다는 이유로 경찰에 체포되었습니다.

CLEVEL

왜 내가 잡혀가야 하지?

화가 난 흑인들은 '버스 안 타기 운동'을 벌였습니다.

우리는 버스를 타지 않겠다!

흑인을 차별하지 마라!

얼마 후, 미국 대법원에서는 흑인과 백인의 자리를 나누는 것이 옳지 못하다는 판결을 내렸습니다. 백인과 흑인은 같은 인간으로 평등해질 수 있었습니다.

만세! 만세!

한중일 한자

  발음 듣기

🇰🇷 等 등

🇨🇳 等 덩

🇯🇵 等 토-

어제의 한자

等

훈　음

線 줄선

오늘 배울 한자를 만나 봅시다.

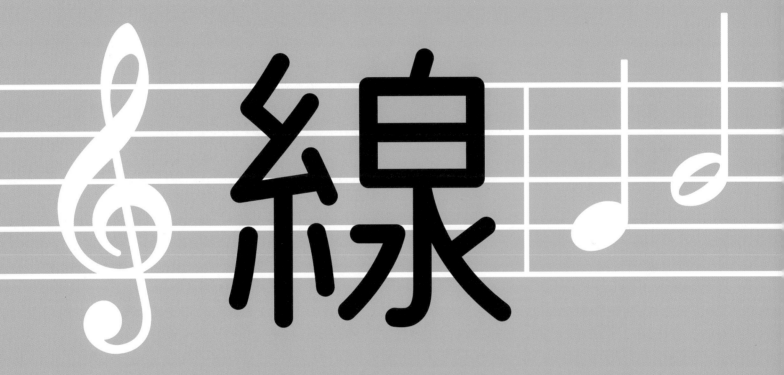

線

줄을 뜻하고

선이라고 읽어요.

線 줄선

線

줄 선

6급 II | 부수 糸 | 총 15획

{ 가느다란 실로 만든 긴 '줄'을 뜻합니다. }

 순서에 맞게 한자를 써 봅시다.

ノ 幺 幺 牟 弁 糸 糸 糸 糸 糸 糸 糸 糸 線 線 線

線	線	線	線
줄 선	줄 선	줄 선	줄 선
줄 선	줄 선	줄 선	줄 선
줄 선	줄 선	줄 선	줄 선

오늘 배운 한자가 쓰인 단어의 뜻을 알아보고, 예문을 읽어 봅시다.

안전 **차 線**
車 수레 차

뜻 차가 다니는 길에 그어 놓은 선.

예문 사람이 **차선**으로 뛰어들어 버스가 급하게 멈추었습니다.

안전 **무 線**
無 없을 무

뜻 전깃줄 없이 전기를 주고받음.

예문 텐트 안에서는 **무선** 난방 기구를 사용하지 않습니다.

수학 **수 직 線**
垂 드리울 수   直 곧을 직

뜻 직선이나 평면과 직각을 이루는 직선.

예문 곱셈식을 **수직선**에 나타내고 빈칸에 알맞은 수를 써 봅시다.

급수 시험
유형 문제

정답 확인

1 다음 밑줄 친 한자어의 독음을 쓰세요.

지하철 안에서 **無線** 인터넷을 쓸 수 있습니다.

2 다음 한자의 훈(뜻)과 음을 쓰세요.

線

3 다음 한자의 짙게 표시한 획은 몇 번째 쓰는 획인지 〈보기〉에서 찾아 그 번호를 쓰세요.

線

| 〈보기〉 | ① 첫 번째 | ② 두 번째 |
| | ③ 세 번째 | ④ 네 번째 |

정답 쓰기

1

2

훈 ----------

음 ----------

3

선으로 그림을 완성해요

線

🐾 숫자 1부터 60까지 차례대로 선을 이어 완성된 동물의 번호를 써 봅시다. ☐

❶ 물개　　❷ 원숭이　　❸ 사자　　❹ 양

 線 선　　 线 씨엔　　 線 센

오늘 배울 한자를 만나 봅시다.

어제의 한자

線

훈　음

音 소리를 뜻하고

음 이라고 읽어요.

音 소리 음

音

소리 음

| 6급 II | 부수 音 | 총 9획 |

사람의 목소리나 음악같이 귀에 들리는 '소리'를 뜻합니다.

순서에 맞게 한자를 써 봅시다.

` 亠 亠 立 产 音 音 音

音	音	音	音
소리 음	소리 음	소리 음	소리 음
소리 음	소리 음	소리 음	소리 음
소리 음	소리 음	소리 음	소리 음

 **교과서 어휘**

오늘 배운 한자가 쓰인 단어의 뜻을 알아보고, 예문을 읽어 봅시다.

국어  **발 音**

發 필 발

> 뜻 말소리를 냄.
>
> 예문 파란색으로 쓴 낱말의 **발음**에 주의하며 그림을 살펴봅시다.

가을  **화 音**

和 화할 화

> 뜻 높이가 다른 여러 음이 함께 어울리는 소리.
>
> 예문 가을에 볼 수 있는 색을 떠올리며 **화음**을 맞추어 노래해 봅시다.

겨울  **音 악**

樂 노래 악

> 뜻 목소리나 악기로 생각이나 느낌을 나타내는 예술.
>
> 예문 **음악** 시간에 다른 나라의 인사말을 넣어 노래를 불렀습니다.

 **급수 시험 유형 문제**

정답 확인

1 다음 밑줄 친 한자어의 독음을 쓰세요.

　　언니는 내가 좋아하는 피아노 音樂을 연주해 주었습니다.

2 다음 한자의 훈(뜻)과 음을 쓰세요.

音

3 다음 (　) 안에 알맞은 한자를 〈보기〉에서 찾아 그 번호를 쓰세요.

〈보기〉　　① 高　　　② 省　　　③ 音

단어를 정확한 發(　　　)으로 여러 번 읽었습니다.

정답 쓰기

1

2

훈 _____

음 _____

3

[복습 한자] 高 높을 고
省 살필 성

우리나라 고유의 음악

音 樂

판소리

판소리는 여러 사람이 모인 장소라는 뜻의 '판'과 노래를 뜻하는 '소리'가 합쳐진 말입니다. 소리를 내는 소리꾼이 북을 치는 고수의 장단에 맞추어 이야기를 풀어 갑니다. 짧게는 세 시간, 길게는 여덟 시간 정도의 긴 이야기를 노래합니다.

풍물놀이

풍물놀이는 꽹과리, 장구, 북, 징과 같은 악기를 사용하여 춤을 추며 연주하는 음악입니다. 농촌에서 힘든 농사일을 즐겁게 하기 위해 신나는 음악을 연주했던 일에서 시작되었습니다.

한중일
한자

발음 듣기

音 음   音 인   音 온

오늘 배울 한자를 만나 봅시다.

樂 즐기다를 뜻하고
락 이라고 읽어요.

樂 즐길 락

樂 즐길 **락** / 노래 **악**

6급Ⅱ | 부수 木 | 총 15획

'즐기다'를 뜻합니다. '즐기다'는 어떤 일을 즐겁게 하거나 좋아하여 자주 하다는 뜻입니다. '노래'를 뜻하기도 합니다.

순서에 맞게 한자를 써 봅시다.

´ ´ ᆢ ᆢ ᆢ ᆢ ᆢ ᆢ ᆢ ᆢ ᆢ 樂 樂 樂

즐길 락/노래 악	즐길 락/노래 악	즐길 락/노래 악	즐길 락/노래 악
즐길 락/노래 악	즐길 락/노래 악	즐길 락/노래 악	즐길 락/노래 악
즐길 락/노래 악	즐길 락/노래 악	즐길 락/노래 악	즐길 락/노래 악

오늘 배운 한자가 쓰인 단어의 뜻을 알아보고, 예문을 읽어 봅시다.

수학

노래 악 　器 그릇 기

뜻 음악을 연주하는 데 쓰는 기구.

예문 학생들이 배우고 싶은 **악기**를 조사하여 표로 나타냈습니다.

가을

國 나라 국 　노래 악

뜻 우리나라의 전통 음악.

예문 **국악** 공연에서 가을의 소리를 들을 수 있었습니다.

겨울

娛 즐길 오 　즐길 락

뜻 기분을 즐겁게 하는 일.

예문 다른 나라의 어린이들은 어떤 **오락**을 즐기는지 살펴봅시다.

급수 시험
유형 문제

정답 확인

1 다음 밑줄 친 한자어의 독음을 쓰세요.

방과 후 <u>國樂</u> 수업에서 가야금 연주를 배우고 있습니다.

2 다음 한자의 훈(뜻)과 음을 쓰세요.

樂

3 다음 (　) 안에 알맞은 한자를 〈보기〉에서 찾아 그 번호를 쓰세요.

| 〈보기〉 | ① 學 | ② 樂 | ③ 萬 |

음악 시간에 여러 가지 (　　　)器 소리를 들었습니다.

정답 쓰기

1

2

훈 _____

음 _____

3

[복습 한자] 學 배울 학
萬 일만 만

다양한 소리를 내는 악기

樂 器

악기를 만드는 재료와 연주 방법에 따라
악기의 소리가 모두 달라요.

하프

손가락으로 줄을 퉁겨서 소리를 내는 악기입니다. 소리가 매우 우아하고 아름답습니다.

오카리나

8~10개의 소리 구멍이 있는 악기입니다. 악기를 입에 대고 바람을 불며 구멍을 막거나 열어서 소리를 냅니다.

심벌즈

철이나 구리 같은 금속을 섞어 만든 악기로, 두 개의 원반을 서로 맞부딪쳐 소리를 냅니다. 주로 오케스트라에서 볼 수 있습니다.

실로폰

길고 짧게 만든 나뭇조각을 피아노 건반과 비슷한 방법으로 놓아 만든 악기입니다. 채를 양손에 들고 두드려 연주합니다.

발음 듣기

 樂 락/악

 乐 러

 楽 라쿠

어제의 한자

樂

훈　　음
_____ _____

오늘 배울 한자를 만나 봅시다.

發 피다를 뜻하고
발이라고 읽어요.

發 필발

發

필발

6급Ⅱ | 부수 癶 | 총12획

'피다'를 뜻합니다. '피다'는 어떤 일이나 물건이 새로 생겨나다는 뜻입니다.

 순서에 맞게 한자를 써 봅시다.

丁 丁 丁 丁 癶 癶 癶 彂 彂 彂 發 發

필발	필발	필발	필발
필발	필발	필발	필발
필발	필발	필발	필발

교과서 어휘

오늘 배운 한자가 쓰인 단어의 뜻을 알아보고, 예문을 읽어 봅시다.

수학

출 發
出 날 출

뜻 (1) 목적지를 향해 나아감. (2) 일을 시작함.

예문 8시에 **출발**하는 버스를 겨우 탔습니다.

겨울

發 표
表 겉 표

뜻 여럿에게 드러내어 알림.

예문 내가 살고 싶은 집을 조사하고 **발표**해 봅시다.

안전

폭 發
爆 터질 폭

뜻 불이 나며 갑자기 터짐.

예문 **폭발**할 수 있는 가스통은 가스를 모두 빼서 버립니다.

급수 시험 유형 문제

정답 확인

1 다음 밑줄 친 한자어의 독음을 쓰세요.

가을 날씨의 특징을 조사해 <u>發表</u>했습니다.

2 다음 한자의 훈(뜻)과 음을 쓰세요.

發

3 다음 밑줄 친 한자어를 한자로 쓰세요.

기차가 <u>출발</u>하는 시간을 확인했습니다.

정답 쓰기

1

2

훈 ----------

음 ----------

3

여러 가지 뜻을 가진 '發'

발

'發(발)'에는 '쏘다, 생기다, 일어나다, 나타나다, 피다'와 같은 여러 가지 뜻이 있어요.

로켓 발사!

발사 활이나 총을 쏘는 일.

화재가 발생하였습니다.

발생 새로 생겨남.

만발 꽃이 활짝 핌.

올챙이 알을 발견했어!

발견 새로운 것을 찾아냄.

발성 소리를 냄.

 發 발

 发 파

🇯🇵 発 하츠

오늘 배울 한자를 만나 봅시다.

表　겉을 뜻하고
　　표라고 읽어요.

表 겉표

表 겉 표

6급Ⅱ | 부수 衣 | 총 8획

물체의 바깥 부분인 '겉'을 뜻합니다.

🐼 순서에 맞게 한자를 써 봅시다.

一 二 丰 主 耒 耒 耒 表

表	表	表	表
겉 표	겉 표	겉 표	겉 표
겉 표	겉 표	겉 표	겉 표
겉 표	겉 표	겉 표	겉 표

오늘 배운 한자가 쓰인 단어의 뜻을 알아보고, 예문을 읽어 봅시다.

[복습 한자] 靑 푸를 청

안전

表 면
面 낯 면

뜻 겉으로 드러난 면.

예문 자전거를 안전하게 타기 위해 바퀴 **표면**을 눌러 확인합니다.

국어

表 현
現 나타날 현

뜻 생각이나 느낌을 겉으로 나타냄.

예문 겪은 일을 떠올려 시나 노래로 **표현**해 봅시다.

국어

表 정
情 뜻 정

뜻 생각이나 기분이 겉으로 드러난 모습.

예문 몸짓을 해 보거나 **표정**을 지어 보며 겪은 일을 떠올려 봅니다.

 급수 시험
유형 문제

정답 확인

1 다음 밑줄 친 한자어의 독음을 쓰세요.

몸으로 낱말을 <u>表現</u>해 전달하는 놀이를 했습니다.

2 다음 한자의 훈(뜻)과 음을 쓰세요.

表

3 다음 ( ) 안에 알맞은 한자를 〈보기〉에서 찾아 그 번호를 쓰세요.

〈보기〉　① 表　　② 靑　　③ 情

유리구슬의 (　　)面이 매끄러웠습니다.

정답 쓰기

1

2

훈 - - - - - - - - - -

음 - - - - - - - - - -

3

기분을 표정으로 표현해요

오늘 나의 기분을 나타내는 표정을 그리고, 어떤 기분인지 써 봅시다.

오늘 나의 기분은 ⟨⟩

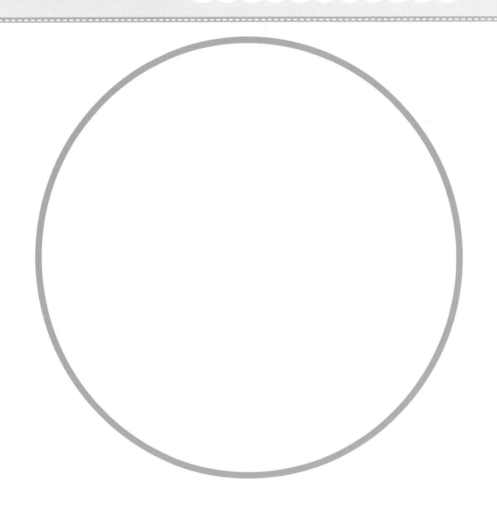

오늘 배울 한자를 만나 봅시다.

弱 약하다를 뜻하고
약이라고 읽어요.

弱 약할 약

弱

약할 **약**

6급 Ⅱ | 부수 弓 | 총 10획

힘이 '약하다'는 뜻입니다.

※ 상대(반대)되는 한자: 強(강할 강) ↔ 弱(약할 약)

🐼 순서에 맞게 한자를 써 봅시다.

` フ 弓 弓 弓 弱 弱 弱 弱 弱

약할 약	약할 약	약할 약	약할 약
약할 약	약할 약	약할 약	약할 약
약할 약	약할 약	약할 약	약할 약

오늘 배운 한자가 쓰인 단어의 뜻을 알아보고, 예문을 읽어 봅시다.

국어  심 弱

心 마음 심

뜻 마음이 여리고 약함.

예문 제 친구는 **심약**하지만 무서운 영화 보는 것을 좋아합니다.

안전 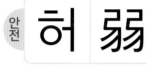 허 弱

虛 빌 허

뜻 몸에 기운이 없고 약함.

예문 몸이 **허약**한 사람은 건강을 위해 운동을 해야 합니다.

안전 弱 점

點 점 점

뜻 모자라거나 떳떳하지 못한 점.

예문 친구의 **약점**을 놀리거나 괴롭히지 않습니다.

 급수 시험 유형 문제

정답 확인

1 다음 밑줄 친 한자어의 독음을 쓰세요.

동화 속 사자는 작은 벌레를 보고 도망갈 정도로 <u>心弱</u>했습니다.

2 다음 한자의 훈(뜻)과 음을 쓰세요.

弱

3 다음 한자의 짙게 표시한 획은 몇 번째 쓰는 획인지 〈보기〉에서 찾아 그 번호를 쓰세요.

 弱

〈보기〉
① 첫 번째　② 두 번째
③ 세 번째　④ 네 번째

정답 쓰기

1

2

훈 _____

음 _____

3

한자 '弱'을 찾아요
약

'약하다'를 뜻하는 한자를 찾아 색칠하고, 숨겨진 글자의 번호를 써 봅시다.

發	樂	弱	弱	弱	線	樂	弱	線	線
發	弱	樂	樂	樂	弱	發	弱	弱	線
發	弱	發	樂	線	弱	發	弱	樂	發
發	弱	發	樂	線	弱	發	弱	弱	發
發	發	弱	弱	弱	樂	線	弱	樂	發
樂	樂	線	線	發	線	線	發	樂	發
發	弱	弱	弱	弱	弱	弱	弱	線	線
線	發	樂	樂	發	發	發	弱	發	線
線	發	線	發	樂	線	發	弱	樂	線
線	發	線	線	發	發	發	弱	線	發

❶ 약　　❷ 악　　❸ 억　　❹ 역

弱 약　　　弱 루어　　　弱 쟈쿠

오늘 배울 한자를 만나 봅시다.

幸 **다행**을 뜻하고
행이라고 읽어요.

幸 다행 행

幸 다행 **행**

| 6급Ⅱ | 부수 干 | 총 8획 |

{ 뜻밖에 일이 잘되거나 운이 좋아 '다행'
이라는 뜻입니다. }

🐼 **순서에 맞게 한자를 써 봅시다.**

一 十 土 キ キ 幸 幸 幸

다행 행	다행 행	다행 행	다행 행
다행 행	다행 행	다행 행	다행 행
다행 행	다행 행	다행 행	다행 행

오늘 배운 한자가 쓰인 단어의 뜻을 알아보고, 예문을 읽어 봅시다.

수학 | 다 幸

多 많을 다

뜻 운이 좋음.

예문 버스를 놓치지 않아서 **다행**이었습니다.

국어 | 幸 운

運 옮길 운

뜻 좋은 운.

예문 토끼가 쿨쿨 잠이 든 것이 거북이에게는 **행운**이었습니다.

국어 | 幸 복

福 복 복

뜻 생활에 만족하며 기쁘고 즐거움.

예문 너는 정말 착하구나. 네 친구가 정말 **행복**하겠어.

급수 시험
유형 문제

정답 확인

정답 쓰기

1 다음 밑줄 친 한자어의 독음을 쓰세요.

공원을 걷다 우연히 <u>幸運</u>의 네잎클로버를 발견했습니다.

2 다음 한자의 훈(뜻)과 음을 쓰세요.

幸

3 다음 한자의 짙게 표시한 획은 몇 번째 쓰는 획인지 〈보기〉에서 찾아 그 번호를 쓰세요.

〈보기〉 ① 다섯 번째 ② 여섯 번째
③ 일곱 번째 ④ 여덟 번째

1

2

훈 _____

음 _____

3

행운을 가져다 드려요

 幸 運

오예! 행운의 상징인 네잎클로버를 찾았다!

근데 왜 네잎클로버가 행운을 뜻하는지 알아?

옛날에 나폴레옹이 전쟁 중에 네잎클로버를 보고 신기해서 허리를 숙였는데, 덕분에 날아오는 총알을 피해서 목숨을 구했대. 그래서 행운의 상징이 되었어.

탕!

🐾 행운을 상징하는 것

인도의 빈디

빈디는 이마 한가운데 칠하거나 보석을 붙여 만드는 점입니다. 인도 사람들은 이곳에 마음의 평화와 행운이 모인다고 생각합니다.

미국의 2달러 지폐

옛날 미국에서 돈을 벌기 위해 멀리 떠나는 사람들은 2달러짜리 지폐가 두려움과 외로움을 없애 주고 행운을 가져다준다고 생각했습니다.

러시아의 마트료시카

마트료시카는 나무로 만든 러시아의 전통 인형입니다. 큰 인형 안에 작은 인형이 계속 나오는데, 이것이 행운과 행복을 뜻한다고 합니다.

발음 듣기

🇰🇷 幸 행

🇨🇳 幸 씽

🇯🇵 幸 코-

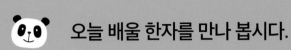 오늘 배울 한자를 만나 봅시다.

運 옮기다를 뜻하고
운이라고 읽어요.

運 옮길 운

運

옮길 운

6급II | 부수 辶 | 총13획

한곳에 있던 물건을 다른 곳으로 '옮기다'는 뜻입니다. '辶(쉬엄쉬엄 갈 착)'이 한자의 부수로 쓰이면 길을 가거나 움직인다는 뜻을 가집니다.

순서에 맞게 한자를 써 봅시다.

亠 冖 冖 冖 冃 戸 宮 宣 軍 軍 渾 渾 運

옮길 운	옮길 운	옮길 운	옮길 운
옮길 운	옮길 운	옮길 운	옮길 운
옮길 운	옮길 운	옮길 운	옮길 운

교과서 어휘

오늘 배운 한자가 쓰인 단어의 뜻을 알아보고, 예문을 읽어 봅시다.

수학 **運동**
動 움직일 동

뜻 건강을 위해 몸을 움직임.
예문 학생들이 좋아하는 **운동**을 표로 나타내 봅시다.

안전 **運전**
轉 구를 전

뜻 자동차를 움직이게 함.
예문 부모님이 **운전**을 할 때는 시끄럽게 떠들거나 장난을 치지 않습니다.

안전 **運행**
行 다닐 행

뜻 정해진 길을 따라 자동차를 운전해 다님.
예문 눈이 많이 오면 버스 **운행**이 중단될 수 있습니다.

급수 시험 유형 문제

정답 확인

1 다음 밑줄 친 한자어의 독음을 쓰세요.

버스 <u>運行</u> 시간에 맞춰 정류장에 나갔습니다.

2 다음 한자의 훈(뜻)과 음을 쓰세요.

運

3 다음 ( ) 안에 알맞은 한자를 〈보기〉에서 찾아 그 번호를 쓰세요.

〈보기〉 ① 軍 ② 動 ③ 運

기사님이 ( )轉을 멈추면 차례대로 버스에 올라탑니다.

정답 쓰기

1

2
훈 _____
음 _____

3

[복습 한자] 軍 군사 군

자동차가 스스로 운전해요

運 轉

신기하다! 운전자가 없이 혼자 달리는 차가 있다니!

저건 자율 주행차라고 해. 스스로 달릴 수 있도록 인공 지능을 갖춘 자동차야.

우리도 체험해 보자!

요즘 자동차 회사에서는 자율 주행차를 도로에서 시험 운전해 보고 있어.

그런데 사람이 운전하지 않으면 사고가 나지 않을까?

자동차 안의 다양한 장치들이 신호나 다른 차들의 움직임을 알아내기 때문에 문제없어.

빨간 신호등을 보면 차를 자동으로 멈추고, 앞에 사람이 지나가면 자동으로 속도를 줄여.

STOP

끼익!

그럼 운전을 하면서 밥도 먹을 수 있겠네?

우와!

냠냠

발음 듣기

한중일 한자

🇰🇷 運 운

🇨🇳 运 윈

🇯🇵 運 운

오늘 배울 한자를 만나 봅시다.

神 귀신을 뜻하고
신이라고 읽어요.

神 귀신 신

神 귀신 신

6급Ⅱ 부수 示 총 10획

신비한 힘을 가진 '귀신'을 뜻합니다. '示(보일 시)'가 한자의 부수로 쓰이면 신이나 제사와 관련된 뜻을 가집니다.

🐼 순서에 맞게 한자를 써 봅시다.

一 二 干 干 禾 禾 和 和 神 神

귀신 신	귀신 신	귀신 신	귀신 신
귀신 신	귀신 신	귀신 신	귀신 신
귀신 신	귀신 신	귀신 힌	귀신 신

오늘 배운 한자가 쓰인 단어의 뜻을 알아보고, 예문을 읽어 봅시다.

국어
童 아이 동

뜻 재주와 슬기가 뛰어난 아이.

예문 내 동생은 피아노 **신동**이라 불립니다.

국어
話 말씀 화

뜻 신비스러운 이야기.

예문 마을 입구에서 **신화** 속 동물인 용을 만났습니다.

수학
祕 숨길 비

뜻 매우 놀랍고 신기함.

예문 우주네 가족은 첫째 날에 **신비**의 도로를 구경했습니다.

급수 시험 유형 문제

정답 확인

1 다음 밑줄 친 한자어의 독음을 쓰세요.

미래는 우리 학교 축구 **神童**으로 유명합니다.

2 다음 한자의 훈(뜻)과 음을 쓰세요.

神

3 다음 (   ) 안에 알맞은 한자를 〈보기〉에서 찾아 그 번호를 쓰세요.

〈보기〉　　① 身　　　② 神　　　③ 童

단군 (　　　)話에는 곰과 호랑이가 나옵니다.

정답 쓰기

1

2

훈 _____

음 _____

3

[복습 한자] 身 몸 신

우리 민족의 시작, 단군 신화

神 話

하늘나라에는 왕자 환웅이 살고 있었습니다. 환웅은 땅으로 내려가 사람들과 함께 살고 싶어 했고, 아버지 환인의 허락을 받아 땅으로 내려왔습니다.

어느 날, 곰과 호랑이가 환웅을 찾아와 사람이 되게 해 달라고 빌었습니다. 환웅은 곰과 호랑이에게 쑥과 마늘을 주면서 동굴에서 지내라고 말하였습니다. 곰과 호랑이는 동굴에서 쑥과 마늘만 먹으며 지내는 것이 너무나도 고통스러웠습니다. 호랑이는 참지 못하고 동굴을 탈출했지만, 곰은 꾹 참고 견뎌 냈습니다.

힘든 시간을 이겨 낸 곰은 아름다운 '웅녀'로 변했습니다. 환웅은 인간의 모습으로 잠시 변해 웅녀와 결혼을 하고 아들을 낳았습니다. 그 아들이 바로 '단군왕검'입니다. 단군왕검은 우리나라 최초의 국가인 고조선을 세우고 다스렸습니다.

 神 신

神 션

 神 신

어제의 한자

神

훈 음

오늘 배울 한자를 만나 봅시다.

童 아이를 뜻하고

동이라고 읽어요.

童 아이 동

童 아이 동

6급Ⅱ | 부수 立 | 총 12획

나이가 어린 '아이'를 뜻합니다.

🐼 **순서에 맞게 한자를 써 봅시다.**

` ﹀ ﹍ ﹦ 立 产 产 音 音 音 童 童

童	童	童	童
아이 동	아이 동	아이 동	아이 동
아이 동	아이 동	아이 동	아이 동
아이 동	아이 동	아이 동	아이 동

 **교과서 어휘**

오늘 배운 한자가 쓰인 단어의 뜻을 알아보고, 예문을 읽어 봅시다.

국어  童 화
話 말씀 화

> 뜻 어린이를 위해 지은 이야기.
> 예문 **동화** 내용을 생각하면 떠오르는 장면을 그림으로 표현해 봅시다.

수학  童 시
詩 시 시

> 뜻 어린이를 위해 지은 시. 어린이가 지은 시.
> 예문 미래가 한 달 동안 읽은 **동시**집은 모두 2권입니다.

가을  童 요
謠 노래 요

> 뜻 어린이를 위해 지은 노래.
> 예문 시원한 가을바람을 느끼며 **동요**를 불러 봅시다.

 **급수 시험 유형 문제**

정답 확인

1 다음 밑줄 친 한자어의 독음을 쓰세요.

국어 시간에 바다를 주제로 한 <u>童詩</u>를 지었습니다.

2 다음 한자의 훈(뜻)과 음을 쓰세요.

童

3 다음 한자의 짙게 표시한 획은 몇 번째 쓰는 획인지 〈보기〉에서 찾아 그 번호를 쓰세요.

童

| 〈보기〉 | ① 여섯 번째 | ② 일곱 번째 |
| | ③ 여덟 번째 | ④ 아홉 번째 |

정답 쓰기

1

2
훈 ....
음 ....

3

따뜻한 동화를 만든 사람들

童 話

덴마크에서 태어난 안데르센은 가난했지만 어렸을 때부터 글 쓰는 것을 좋아하였고, 풍부한 상상력과 아름다운 문장으로 많은 동화를 썼습니다. 미운 오리 새끼, 백조 왕자, 벌거벗은 임금님, 빨간 구두, 성냥팔이 소녀, 인어 공주는 모두 안데르센의 작품입니다.

그리스에서 태어난 이솝은 동물을 주인공으로 하여 이야기를 만들었습니다. 이솝의 짧은 이야기에는 교훈과 깨달음이 많이 담겨 있습니다. 개미와 베짱이, 양치기 소년, 여우와 두루미 같은 이야기가 유명합니다.

발음 듣기

 童 동

🇨🇳 童 통

 童 도-

어제의 한자

童

훈 음

놓을 방

오늘 배울 한자를 만나 봅시다.

放 **놓다**를 뜻하고
방이라고 읽어요.

放 놓을 방

放 놓을 방

6급Ⅱ | 부수 攵 | 총 8획

음을 나타내는 '方(모 방)'과 뜻을 나타내는 '攵(칠 복)'을 합해 만든 글자로, '놓다'는 뜻입니다.

순서에 맞게 한자를 써 봅시다.

` ㄴ ㅎ 方 扩 扩 扩 放

놓을 방	놓을 방	놓을 방	놓을 방
놓을 방	놓을 방	놓을 방	놓을 방
놓을 방	놓을 방	놓을 방	놓을 방

오늘 배운 한자가 쓰인 단어의 뜻을 알아보고, 예문을 읽어 봅시다.

국어 放 심
心 마음 심

뜻 걱정 없이 마음을 놓아 버림.
예문 토끼는 자신이 이길 거라고 **방심**하다가 잠이 들었습니다.

겨울 放 학
學 배울 학

뜻 학기가 끝나고 얼마 동안 수업을 쉬는 것.
예문 겨울 **방학** 생활 계획표를 만들고, 꼭 실천합시다.

겨울 放 송
送 보낼 송

뜻 라디오나 텔레비전으로 소리나 영상을 보내는 일.
예문 **방송**을 보며 다른 나라의 명절과 풍습을 조사했습니다.

 급수 시험 유형 문제

정답 확인

1 다음 밑줄 친 한자어의 독음을 쓰세요.

겨울 <u>放學</u> 숙제로 열쇠고리를 만들었습니다.

2 다음 한자의 훈(뜻)과 음을 쓰세요.

放

3 다음 밑줄 친 한자어를 한자로 쓰세요.

상대 팀이 <u>방심</u>한 사이에 골을 넣었습니다.

정답 쓰기

1

2
훈
음

3

방송을 만드는 사람들

放 送

① 조명 기사

방송의 분위기와 시각적인 효과를 살릴 수 있는 조명 장치를 설치하고 관리합니다.

② 카메라 기사

카메라를 사용하여 방송 내용과 분위기에 맞는 장면을 촬영합니다.

③ 감독

기획, 촬영, 편집 등 방송 제작에 필요한 모든 일을 관리하고 책임집니다.

④ 분장사

방송 내용과 인물 특징에 맞게 연기자들의 얼굴을 분장하는 일을 합니다.

발음 듣기

🇰🇷 放 방   🇨🇳 放 팡   🇯🇵 放 호-

어제의 한자

放

훈 음

나타날
현

오늘 배울 한자를 만나 봅시다.

모자 속에서
토끼가 나타났어요.

現 나타나다를 뜻하고
현이라고 읽어요.

現 나타날
현

現 나타날 현

6급Ⅱ | 부수 玉 | 총 11획

보이지 않던 것이 눈앞에 '나타나다'는 뜻입니다. 눈앞에 나타나 있는 '현재'를 뜻하기도 합니다.

순서에 맞게 한자를 써 봅시다.

一 二 三 于 王 玎 玑 玑 玥 珇 現 現

나타날 현	나타날 현	나타날 현	나타날 현
나타날 현	나타날 현	나타날 현	나타날 현
나타날 현	나타날 현	나타날 현	나타날 현

오늘 배운 한자가 쓰인 단어의 뜻을 알아보고, 예문을 읽어 봅시다.

국어 출 現
出 날 출

뜻 없던 것이 나타남.

예문 고양이의 **출현**으로 쥐들은 무서움에 떨었습니다.

수학 現 재
在 있을 재

뜻 지금 이 시간.

예문 **현재** 시각과 영화가 시작하는 시각을 각각 나타내 봅시다.

겨울 現 상
象 코끼리 상

뜻 보거나 느낄 수 있는 사물의 모양과 상태.

예문 겨울이 되면 동물들의 몸에 나타나는 **현상**을 관찰해 봅시다.

 급수 시험 유형 문제

정답 확인

1 다음 밑줄 친 한자어의 독음을 쓰세요.

지난밤 멧돼지가 <u>出現</u>해 주민들이 불안에 떨었습니다.

2 다음 한자의 훈(뜻)과 음을 쓰세요.

現

3 다음 뜻에 맞는 한자어를 〈보기〉에서 찾아 그 번호를 쓰세요.

〈보기〉 ① 現象 ② 現在 ③ 出現

지금 이 시간.

정답 쓰기

1

2

훈 ──────

음 ──────

3

신기한 착시 현상

現 象

착시 현상이란, 실제 사물의 모습과는 다르게 보이는 것을 말해요.

Q1 두 개의 선 중 어떤 것이 더 길어 보이나요?

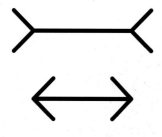

위에 있는 선이 더 길어 보이지만, 실제 길이는 똑같습니다.

Q2 막대기가 몇 개로 보이나요?

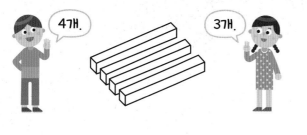

4개.

3개.

막대기의 오른쪽 끝에서 보면 3개, 왼쪽 끝에서 보면 4개로 보입니다.

Q3 두 개의 파란색 동그라미 중 어떤 것이 더 커 보이나요?

왼쪽에 있는 동그라미가 더 크게 보이지만, 실제 크기는 똑같습니다.

발음 듣기

現 현

現 씨엔

現 겐

 오늘 배울 한자를 만나 봅시다.

代 **대신하다**를 뜻하고
대라고 읽어요.

代 대신할
대

代 대신할 대

6급 II | 부수 亻 | 총 5획

어떤 것과 역할을 바꾸어 '대신하다' 는 뜻입니다. 역사를 구분하는 '시대' 를 뜻하기도 합니다.

순서에 맞게 한자를 써 봅시다.

ノ 亻 仁 代 代

대신할 대	대신할 대	대신할 대	대신할 대
대신할 대	대신할 대	대신할 대	대신할 대
대신할 대	대신할 대	대신할 대	대신할 대

오늘 배운 한자가 쓰인 단어의 뜻을 알아보고, 예문을 읽어 봅시다.

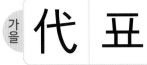

가을 **代 표**

表 겉 표

뜻 (1) 전체의 성질을 잘 나타내는 하나. (2) 책임지는 사람.

예문 모둠 **대표**가 나와 완성한 동네 모습을 설명했습니다.

가을 **교 代**

交 사귈 교

뜻 여럿이 나누어서 차례에 따라 맡아 함.

예문 자신의 놀이 순서가 끝나면 다음 친구와 **교대**합니다.

가을 **현 代**

現 나타날 현

뜻 지금의 시대.

예문 **현대**에는 예전에 없었던 다양한 직업들이 생겨났습니다.

 급수 시험 유형 문제

정답 확인

1 다음 밑줄 친 한자어의 독음을 쓰세요.

인구 감소는 **現代** 사회의 큰 문제 중 하나입니다.

2 다음 한자의 훈(뜻)과 음을 쓰세요.

代

3 다음 (   ) 안에 알맞은 한자를 〈보기〉에서 찾아 그 번호를 쓰세요.

〈보기〉　　① 代　　　② 作　　　③ 交

축구 국가 (　　　)表 선수들이 금메달을 땄습니다.

정답 쓰기

1

2

훈 _____

음 _____

3

[복습 한자] 作 지을 작

나라를 대표하는 동물

 代 表

한국 — 호랑이

한국의 호랑이는 강하고 용감한 모습을 상징합니다.

미국 — 흰머리수리

미국인들이 신성한 동물로 여겼던 흰머리수리는 힘과 용기를 상징합니다.

호주 — 캥거루

캥거루는 호주에만 사는 동물입니다.

프랑스 — 수탉

수탉은 강하고 용맹한 모습을 상징합니다.

영국 — 사자

동물의 왕인 사자는 영국의 국가 문장에서 볼 수 있습니다.

중국 — 판다

판다는 주로 중국에서 사는 동물로, 수가 매우 적어 나라의 보호를 받습니다.

한중일 한자

발음 듣기

🇰🇷 代 대   🇨🇳 代 따이   🇯🇵 代 다이

8주 3일

月 日

어제의 한자

代

훈　　음
_____ _____

🐼 오늘 배울 한자를 만나 봅시다.

各 **각각**을 뜻하고
각이라고 읽어요.

한자 2-2 8주 3일 - 1

各 각각 **각**

各 각각 각

6급Ⅱ | 부수 口 | 총 6획

'각각'을 뜻합니다. '각각'은 사람이나 물건의 하나하나를 말합니다.

🐼 순서에 맞게 한자를 써 봅시다.

ノ 夕 夂 冬 各 各

각각 각	각각 각	각각 각	각각 각
각각 각	각각 각	각각 각	각각 각
각각 각	각각 각	각각 각	각각 각

오늘 배운 한자가 쓰인 단어의 뜻을 알아보고, 예문을 읽어 봅시다.

自 스스로 자

뜻 각각의 자기 자신.

예문 네 사람이 **각자** 어림하여 끈을 잘랐습니다.

種 씨 종

뜻 여러 종류.

예문 **각종** 쓰레기가 썩는 데는 많은 시간이 걸립니다.

뜻 하나하나. 따로따로.

예문 준비한 열매를 **각각** 그릇에 담아 봅시다.

급수 시험
유형 문제

정답 확인

1 다음 밑줄 친 한자어의 독음을 쓰세요.

우리 모둠은 연극의 주제를 **各自** 생각해 오기로 했습니다.

2 다음 한자의 훈(뜻)과 음을 쓰세요.

各

3 다음 뜻에 맞는 한자어를 〈보기〉에서 찾아 그 번호를 쓰세요.

| 〈보기〉 | ① 各自 | ② 各各 | ③ 各種 |

하나하나. 따로따로.

정답 쓰기

1

2

훈

음

3

한자 '各'을 찾아요
각

🐾 '각각'을 뜻하는 한자가 있는 카드의 개수를 써 봅시다. ☐ 개

🇰🇷	🇨🇳	🇯🇵
各 각	各 꺼	各 카쿠

어제의 한자

各

(훈) (음)

_____ _____

 오늘 배울 한자를 만나 봅시다.

2-1   2-2

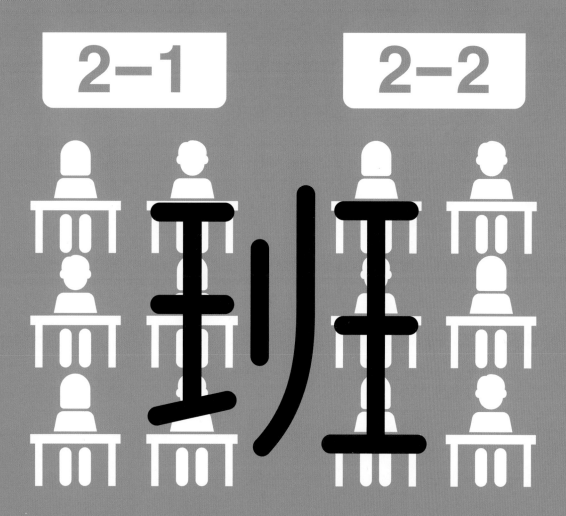

班   **나누다**를 뜻하고

반이라고 읽어요.

한자 2-2 8주 4일 - 1

班 나눌 **반**

班 나눌 반

6급Ⅱ | 부수 王 | 총 10획

보석으로 사용하는 옥을 반으로 쪼개는 모습을 나타낸 글자로, 둘로 '나누다'는 뜻입니다.

순서에 맞게 한자를 써 봅시다.

一 二 千 王 王 玓 玓 玡 玨 班

班	班	班	班
나눌 반	나눌 반	나눌 반	나눌 반
나눌 반	나눌 반	나눌 반	나눌 반
나눌 반	나눌 반	나눌 반	나눌 반

오늘 배운 한자가 쓰인 단어의 뜻을 알아보고, 예문을 읽어 봅시다.

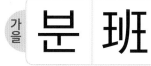

가을

분 班

分 나눌 분

뜻 학급을 몇 개로 나눔.

예문 같은 직업 카드를 가진 사람끼리 **분반**해 봅시다.

국어

班 장

長 긴 장

뜻 반을 대표하는 사람.

예문 제 짝은 우리 반 **반장**입니다.

국어

양 班

兩 두 량(양)

뜻 옛날에 지배층을 이루던 신분.

예문 놀부는 욕심이 많고 심술궂은 **양반**이었습니다.

급수 시험 유형 문제

정답 확인

1 다음 밑줄 친 한자어의 독음을 쓰세요.

영어 학원에 등록하고 <u>分班</u> 시험을 치렀습니다.

2 다음 한자의 훈(뜻)과 음을 쓰세요.

班

3 다음 한자의 짙게 표시한 획은 몇 번째 쓰는 획인지 〈보기〉에서 찾아 그 번호를 쓰세요.

班

〈보기〉	① 두 번째	② 세 번째
	③ 네 번째	④ 다섯 번째

정답 쓰기

1

2

훈 ----------

음 ----------

3

조선 시대의 양반을 소개해요

兩 班

양반은 조선 시대의 지배층이었습니다. 정치를 맡아 나라를 다스리는 문반과 군사를 맡아 나라를 지키는 무반, 두 등급의 사람들이라는 뜻에서 '양반'이라는 말이 나왔습니다.

양반이 사는 집이나 먹는 음식, 입는 옷은 평민과 달랐어요.

양반

평민

양반은 화려한 색의 비단으로 옷을 만들어 입고, 가죽신을 신었습니다. 값비싼 비단과 화려한 장신구를 이용하여 높은 신분을 과시하였습니다.

평민은 주로 값이 싼 옷감으로 만든 흰색 옷을 입었습니다. 옷은 활동하기 편하게 만들어졌습니다. 볏짚이나 나무줄기로 만든 짚신을 신었습니다.

발음 듣기

🇰🇷 班 반

⬛ 班 빤

🇯🇵 班 한

공부한 날
月 日

班

훈 음

🐼 오늘 배울 한자를 만나 봅시다.

急 급하다를 뜻하고
급이라고 읽어요.

✂ 急 급할 급

急 급할 급

6급 Ⅱ | 부수 心 | 총 9획

시간을 늦추거나 질질 끌 겨를 없이 '급하다'는 뜻입니다.

🐼 순서에 맞게 한자를 써 봅시다.

丿 ⺈ ⺈ ⿱ ⿱ ⿱ 急 急 急

急 급할 급	急 급할 급	急 급할 급	急 급할 급
급할 급	급할 급	급할 급	급할 급
급할 급	급할 급	급할 급	급할 급

오늘 배운 한자가 쓰인 단어의 뜻을 알아보고, 예문을 읽어 봅시다.

수학 急 행
行 다닐 행

뜻 급하게 감.

예문 슬기가 타야 하는 **급행** 버스의 번호를 찾아 써 봅시다.

국어 시 急
時 때 시

뜻 시간이 매우 급함.

예문 더 좋은 환경에서 살기 위해서는 자연 보호가 **시급**합니다.

안전 구 急
救 구원할 구

뜻 위급한 상황에서 급히 구함.

예문 119에 전화하면 **구급** 대원의 말을 잘 따라야 합니다.

 **급수 시험 유형 문제**

정답 확인

1 다음 밑줄 친 한자어의 독음을 쓰세요.

일회용품을 줄이기 위한 대책 마련이 <u>時急</u>합니다.

2 다음 한자의 훈(뜻)과 음을 쓰세요.

急

3 다음 ( ) 안에 알맞은 한자를 〈보기〉에서 찾아 그 번호를 쓰세요.

〈보기〉   ① 意   ② 救   ③ 急

( )行열차는 하루에 두 번 운행됩니다.

정답 쓰기
1

2
훈 ....
음 ....

3

[복습 한자] 意 뜻 의

급할수록 천천히 해요

 '급할수록 돌아가라.'라는 말은 아무리 급해도 천천히 생각하고 움직이라는 뜻입니다. 바쁘다고 서두르기만 하면 더 많은 실수를 하게 됩니다. 마음을 여유롭게 가지고 하나씩 천천히 해결해 가면 오히려 일이 더 쉽고 빨리 풀리기도 합니다.

한중일 한자

발음 듣기

🇰🇷 急 급

⛨ 急 지

🇯🇵 急 큐-

 오늘 배울 한자를 만나 봅시다.

公 공평하다를 뜻하고
공이라고 읽어요.

公 공평할
공

公 공평할 공

6급II | 부수 八 | 총 4획

똑같은 크기로 물건을 자른 모양을 나타낸 글자로, 한쪽으로 치우치지 않고 '공평하다'는 뜻입니다.

순서에 맞게 한자를 써 봅시다.

丿 八 公 公

공평할 공	공평할 공	공평할 공	공평할 공
공평할 공	공평할 공	공평할 공	공평할 공
공평할 공	공평할 공	똑평할 공	공평할 공

오늘 배운 한자가 쓰인 단어의 뜻을 알아보고, 예문을 읽어 봅시다.

국어 **公 원**
園 동산 원

뜻 여러 사람이 함께 이용할 수 있는 정원이나 동산.

예문 **공원**이나 산에서는 쓰레기를 버리지 말아야 합니다.

국어 **公 개**
開 열 개

뜻 여러 사람에게 알림.

예문 내가 받은 칭찬 쪽지를 친구들에게 **공개**했습니다.

국어 **公 주**
主 주인 주

뜻 임금과 왕비 사이에서 낳은 딸.

예문 **공주**는 용을 쫓아가서 왕자를 구하기로 결심했습니다.

1 다음 밑줄 친 한자어의 독음을 쓰세요.

바보 온달과 평강 <u>公主</u> 이야기를 읽었습니다.

2 다음 한자의 훈(뜻)과 음을 쓰세요.

公

3 다음 ( ) 안에 알맞은 한자를 〈보기〉에서 찾아 그 번호를 쓰세요.

〈보기〉 ① 公   ② 今   ③ 分

할머니는 매일 저녁 (   )園을 산책합니다.

정답 쓰기

1

2

훈 ----------

음 ----------

3

[복습 한자] 今 이제 금
分 나눌 분

평강 공주와 바보 온달

  公 主

고구려 때, 사람들이 바보라고 부르던 온달이 살았습니다. 온달은 항상 허름한 옷을 입고 밥을 얻으러 다녔습니다.

고구려의 평원왕에게는 평강이라는 울보 딸이 있었습니다. 왕은 공주가 울 때마다 온달에게 시집 보낸다고 하며 혼을 냈습니다.

평강 공주는 어른이 되자, 어릴 적 아버지가 하신 말씀을 따르겠다며 궁궐을 나와 온달을 찾아갔습니다.

평강 공주는 온달과 결혼을 한 후, 온달에게 글과 말타기, 무예를 가르쳐서 온달을 훌륭한 장군으로 만들었습니다.

 公 공

 公 꽁

 公 코-

 오늘 배울 한자를 만나 봅시다.

共 **한가지**를 뜻하고

공이라고 읽어요.

共 한가지
공

共

한가지 공

| 6급Ⅱ | 부수 八 | 총 6획 |

서로 같다는 의미에서 '한가지'를 뜻합니다. '함께', '같이'라는 뜻으로도 쓰입니다.

순서에 맞게 한자를 써 봅시다.

一 十 卄 丗 共 共

한가지 공	한가지 공	한가지 공	한가지 공
한가지 공	한가지 공	한가지 공	한가지 공
한가지 공	한가지 공	한가지 공	한가지 공

오늘 배운 한자가 쓰인 단어의 뜻을 알아보고, 예문을 읽어 봅시다.

가을

공 共
公 공평할 공

뜻 사회의 모든 사람과 관계됨.
예문 **공공**장소에서 지켜야 하는 바른 질서 사전을 만들어 봅시다.

겨울

共 통
通 통할 통

뜻 여럿 사이에 같거나 비슷한 것.
예문 여러 가지 전통 의상의 **공통**점과 차이점을 찾아봅시다.

국어

共 감
感 느낄 감

뜻 다른 사람과 똑같이 생각하거나 느낌.
예문 인물의 마음에 **공감**하며 영화를 봤습니다.

급수 시험 유형 문제

정답 확인

1 다음 밑줄 친 한자어의 독음을 쓰세요.

<u>公共</u>장소에서는 예절을 지켜야 합니다.

2 다음 한자의 훈(뜻)과 음을 쓰세요.

共

3 다음 (   ) 안에 알맞은 한자를 〈보기〉에서 찾아 그 번호를 쓰세요.

〈보기〉 ① 公   ② 共   ③ 空

두 과일은 껍질 색깔이 노랗다는 (   )通점이 있습니다.

정답 쓰기
1

2
훈 ....
음 ....

3

[복습 한자] 空 빌 공

공통점과 차이점을 찾아요

共 通

🐾 문장을 읽고 공통점을 말한 것에는 '공', 차이점을 말한 것에는 '차'를 써 봅시다.

공통점	공통점이란, 서로 비슷하거나 똑같은 점을 말합니다.
차이점	차이점이란, 서로 같지 않고 다른 점을 말합니다.

(1) 축구와 농구는 공으로 하는 운동입니다.

(2) 축구는 발을 이용하고, 농구는 손을 이용합니다.

(3) 골대에 골을 많이 넣는 팀이 이깁니다.

(4) 펭귄은 남극에, 북극곰은 북극에 삽니다.

(5) 펭귄과 북극곰은 추운 지역에서 삽니다.

(6) 펭귄은 두 발로, 북극곰은 네 발로 걷습니다.

한중일 한자

발음 듣기

🇰🇷 共 공   🇨🇳 共 꽁   🇯🇵 共 쿄-

오늘 배울 한자를 만나 봅시다.

集　**모으다**를 뜻하고

집이라고 읽어요.

✂ 集 모을 집

集

모을 집

6급 Ⅱ | 부수 隹 | 총 12획

'모으다'를 뜻합니다. '모으다'는 사람이나 물건, 생각을 한데 합치는 것을 말합니다.

 순서에 맞게 한자를 써 봅시다.

ノ 亻 彳 亻 产 乍 乍 隹 隹 隹 隼 隼 集

모을 집	모을 집	모을 집	모을 집
모을 집	모을 집	모을 집	모을 집
모을 집	모을 집	모을 집	모을 집

오늘 배운 한자가 쓰인 단어의 뜻을 알아보고, 예문을 읽어 봅시다.

안전 **集 합**
合 합할 합

> 뜻 한곳에 모으거나 모임.
> 예문 화재 대피 체험을 위해 운동장에 **집합**하였습니다.

가을 **채 集**
採 캘 채

> 뜻 잡거나 찾아서 모음.
> 예문 곤충을 **채집**하고, 낙엽을 모아 모양을 살펴봅시다.

국어 **集 중**
中 가운데 중

> 뜻 마음이나 정신을 한곳에 모음.
> 예문 친구가 발표하면 **집중**해서 듣습니다.

 급수 시험 유형 문제

정답 확인

1 다음 밑줄 친 한자어의 독음을 쓰세요.

거실에서 들리는 텔레비전 소리가 <u>集中</u>을 방해했습니다.

2 다음 한자의 훈(뜻)과 음을 쓰세요.

集

3 다음 한자의 짙게 표시한 획은 몇 번째 쓰는 획인지 〈보기〉에서 찾아 그 번호를 쓰세요.

集

〈보기〉	① 아홉 번째	② 열 번째
	③ 열한 번째	④ 열두 번째

정답 쓰기

1

2
훈 ⋯⋯⋯⋯
음 ⋯⋯⋯⋯

3

집중력을 쑥쑥 올리는 놀이

(集)(中)(力)

🐾 아래 빈칸에 점을 이어 위 그림과 똑같은 그림을 완성해 봅시다.

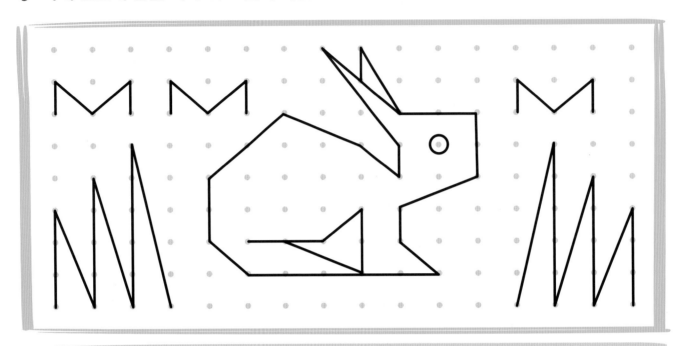

集 집 　　集 지 　　集 슈-

오늘 배울 한자를 만나 봅시다.

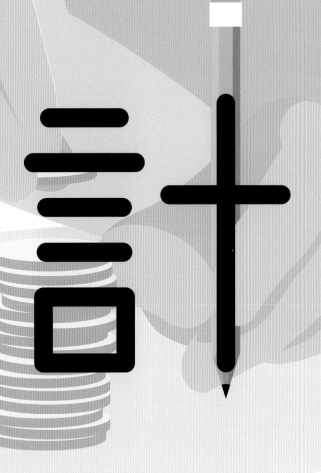

計 세다를 뜻하고

계 라고 읽어요.

計 셀 계

計 셀 계

6급 II | 부수 言 | 총 9획

‘言(말씀 언)’과 ‘十(열 십)’을 합해 만든 글자로, 말을 하며 숫자를 ‘세다’는 뜻입니다.

순서에 맞게 한자를 써 봅시다.

` 二 三 亖 言 言 言 言 計

計	計	計	計
셀 계	셀 계	셀 계	셀 계
셀 계	셀 계	셀 계	셀 계
셀 계	셀 계	셀 계	셀 계

오늘 배운 한자가 쓰인 단어의 뜻을 알아보고, 예문을 읽어 봅시다.

計 획
劃 그을 획

뜻 앞으로 할 일을 생각해서 정함.
예문 미래가 **계획**한 일을 하는 데 걸리는 시간을 구해 봅시다.

설 計
設 베풀 설

뜻 계획을 세움.
예문 아버지는 우리 집을 직접 **설계**하고 지었습니다.

집 計
集 모을 집

뜻 모두 모아서 계산함.
예문 문방구에서 사용한 돈을 **집계**해 보니 3,700원이었습니다.

급수 시험 유형 문제

정답 확인

1 다음 밑줄 친 한자어의 독음을 쓰세요.

이번 사고로 수십 명이 다친 것으로 **集計**되었습니다.

2 다음 한자의 훈(뜻)과 음을 쓰세요.

計

3 다음 뜻에 맞는 한자어를 〈보기〉에서 찾아 그 번호를 쓰세요.

〈보기〉　　① 設計　　② 集計　　③ 計算

계획을 세움.

정답 쓰기

1

2

훈 ------

음 ------

3

[복습 한자] 算 셈 산

나의 하루를 계획해요

計 劃

계획은 일정한 시간 동안 어떤 목표를 이루려는 방법과 순서를 정하는 것이에요.

Q1 왜 계획을 세워야 하나요?

계획을 세우면 규칙적인 생활을 할 수 있고, 자신이 목표한 일을 이루어 낼 수 있습니다. 계획한 내용을 구체적으로 정해 계획표를 만들면 시간을 낭비하지 않고, 일이나 목표를 빠르고 쉽게 이룰 수 있습니다.

Q2 계획표는 어떻게 만드나요?

계획표는 목표에 따라 다르게 만들 수 있습니다. 여름과 겨울 방학을 위한 계획표를 만들 수도 있고, 평소 나의 생활 습관을 위한 계획표를 만들 수도 있습니다.

겨울 생활 계획표

잠자기 · 산책 · 컴퓨터 · 씻고 밥 먹기 · 자유 시간 · 책 읽기 · 스케이트

자신이 해야 하는 일을 정합니다. 자신이 지킬 수 있는 계획을 세우는 것이 중요합니다.

자신이 원하는 모양으로 계획표를 만듭니다. 시간을 나누고 실천할 내용을 적습니다.

발음 듣기

 計 계

 计 지

計 케-

오늘 배울 한자를 만나 봅시다.

雪 **눈**을 뜻하고
설이라고 읽어요.

雪 눈 설

雪 눈 설

6급Ⅱ | 부수 雨 | 총 11획

하늘에서 내리는 하얀 '눈'을 뜻합니다. '雨(비 우)'가 한자의 부수로 쓰이면 날씨와 관련된 뜻을 가집니다.

 순서에 맞게 한자를 써 봅시다.

一 厂 厂 帀 帀 帀 帀 帀 雪 雪 雪

雪	雪	雪	雪
눈 설	눈 설	눈 설	눈 설
눈 설	눈 설	눈 설	눈 설
눈 설	눈 설	눈 설	눈 설

교과서 어휘

오늘 배운 한자가 쓰인 단어의 뜻을 알아보고, 예문을 읽어 봅시다.

겨울

白 흰 백

> 뜻 하얀 눈.
> 예문 고니의 털은 **백설**같이 하얗습니다.

안전

暴 사나울 폭

> 뜻 갑자기 많이 내리는 눈.
> 예문 **폭설**이 내리면 따뜻한 실내에서 몸을 녹입니다.

가을

糖 사탕 탕

> 뜻 단 맛을 내는 가루. '눈처럼 하얗고 달다'라는 뜻.
> 예문 **설탕**처럼 달콤한 감이 주렁주렁 열렸습니다.

급수 시험 유형 문제

정답 확인

1 다음 밑줄 친 한자어의 독음을 쓰세요.

<u>白雪</u> 공주는 일곱 난쟁이와 살았습니다.

2 다음 한자의 훈(뜻)과 음을 쓰세요.

雪

3 다음 ( ) 안에 알맞은 한자를 〈보기〉에서 찾아 그 번호를 쓰세요.

〈보기〉　　① 雪　　② 電　　③ 白

갑자기 내린 <u>暴</u>( )로 학교가 휴업했습니다.

정답 쓰기

1

2
훈 _____
음 _____

3

[복습 한자] 電 번개 전

하늘에서 눈이 내려요

雪

날씨가 추워져 온도가 내려가면 구름 속 물방울들이 얼음 알갱이로 변합니다.
눈은 얼음 알갱이가 뭉쳐서 내리는 것입니다.

함박눈

여러 개의 작은 눈이 서로 달라붙어 내리는 눈입니다. 땅에 잘 쌓이고, 쉽게 뭉쳐져 눈사람을 만들 수 있습니다.

진눈깨비

비와 섞여서 내리는 눈입니다. 기온에 따라 비가 진눈깨비로 변하거나 진눈깨비가 비로 변해 내립니다.

눈이 쌀알처럼 생겼어.

싸라기눈

빗방울이 갑자기 찬바람을 만나 쌀알 모양으로 얼어서 떨어지는 눈입니다.

가루눈

아주 작은 눈이 가루처럼 내리는 눈입니다. 흩날리는 눈으로, 잘 뭉쳐지지 않습니다.

한중일 한자

발음 듣기

 雪 설

 雪 쉬에

 雪 세츠

어제의 한자

雪

훈 □ 음 □

_____

🐼 오늘 배울 한자를 만나 봅시다.

會 **모이다**를 뜻하고
회라고 읽어요.

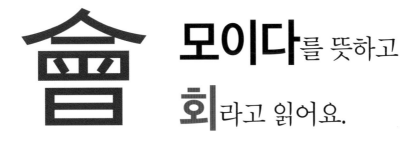

會 모일 회

會

모일 **회**

6급 II | 부수 日 | 총 13획

'모이다'를 뜻합니다. 어떤 목적을 위해 모인 '모임'을 뜻하기도 합니다.

 순서에 맞게 한자를 써 봅시다.

丿 𠆢 人 스 스 仝 仐 侖 侖 侖 侖 會 會 會

모일 회	모일 회	모일 회	모일 회
모일 회	모일 회	모일 회	모일 회
모일 회	모일 회	모일 회	모일 회

오늘 배운 한자가 쓰인 단어의 뜻을 알아보고, 예문을 읽어 봅시다.

議 의논할 의

- 뜻　여러 사람이 모여서 의논함.
- 예문　공부 게시판 만들기를 위해 친구들과 **회의**를 했습니다.

員 인원 원

- 뜻　모임을 이루는 사람들.
- 예문　겨울 방학에는 도서관 **회원**으로 가입을 할 계획입니다.

社 모일 사

- 뜻　이익을 얻기 위해 함께 일하는 모임.
- 예문　저는 엄마가 다니는 **회사**에 가 본 적이 있습니다.

급수 시험
유형 문제

정답 확인

1 다음 밑줄 친 한자어의 독음을 쓰세요.

　　　　고모는 독일에서 자동차 <u>會社</u>에 다닙니다.

2 다음 한자의 훈(뜻)과 음을 쓰세요.

　　　　　　　會

3 다음 뜻에 맞는 한자어를 〈보기〉에서 찾아 그 번호를 쓰세요.

〈보기〉　① 會議　　② 會員　　③ 會社

여러 사람이 모여서 의논함.

정답 쓰기

1

2
훈 ....
음 ....

3

함께 의견을 나누는 회의

會 議

회의는 여러 사람이 함께 의견을 나누고, 해결 방법을 결정하는 것입니다. 회의를 하면 다양한 생각을 들을 수 있고, 일을 함께 계획하여 실천할 수 있습니다.

회의에서 자신의 의견을 말할 때는 예의 바르게 말해요. 또한, 다른 사람의 의견을 집중해서 들어요.

🐾 단어에 해당하는 그림을 연결해 봅시다.

1 학급 會議

학급의 문제를 해결하기 위해 반 친구들이 함께하는 회의.

ㄱ

2 가족會議

가족의 문제를 해결하기 위해 가족들이 함께하는 회의.

ㄴ

3 국제會議

나라 사이의 문제를 해결하기 위해 각 나라 대표가 함께하는 회의.

ㄷ

발음 듣기

 會 회

 会 훼이

 会 카이

오늘 배울 한자를 만나 봅시다.

社 **모이다**를 뜻하고
사 라고 읽어요.

社 모일 사

社

모일 사

{ 많은 사람이 '모이다'를 뜻합니다. }

6급II | 부수 示 | 총 8획

순서에 맞게 한자를 써 봅시다.

一 一 一 亍 亓 示 示 礻 社

社	社	社	社
모일 사	모일 사	모일 사	모일 사
모일 사	모일 사	모일 사	모일 사
모일 사	모일 사	모일 사	모일 사

오늘 배운 한자가 쓰인 단어의 뜻을 알아보고, 예문을 읽어 봅시다.

가을 **社 회**
會 모일 회

뜻 함께 생활하는 사람들의 모임.
예문 좋은 **사회**를 만들어 가는 사람들의 모습을 찾아봅시다.

국어 **社 장**
長 긴 장

뜻 회사를 대표하는 사람.
예문 나는 책 읽기를 좋아해서 출판사 **사장**이 되고 싶습니다.

국어 **회 社 원**
會 모일 회   員 인원 원

뜻 회사에서 일하는 사람.
예문 역할극에서 **회사원** 역할을 맡아 아빠의 넥타이를 준비했습니다.

 급수 시험 유형 문제

정답 확인

1 다음 밑줄 친 한자어의 독음을 쓰세요.

행복한 <u>社會</u>를 이루기 위해서는 함께 노력해야 합니다.

2 다음 한자의 훈(뜻)과 음을 쓰세요.

社

3 다음 ( ) 안에 알맞은 한자를 〈보기〉에서 찾아 그 번호를 쓰세요.

〈보기〉   ① 社   ② 神   ③ 事

제 꿈은 게임 회사 (   )長이 되는 것입니다.

정답 쓰기

1

2

훈 --------------

음 --------------

3

[복습 한자] 神 귀신 신
事 일 사

다양한 문화가 있는 사회

社 會

우리 민족은 하나의 민족으로, 하나의 문화를 이루며 함께 살아왔습니다. 그러나 지금 우리가 사는 사회는 여러 나라의 민족과 문화가 함께 섞여 있는 다문화 사회입니다.

외국인과 결혼을 하는 국제결혼이 많아지면서 다문화 가정이 생겨났습니다.

필리핀, 인도네시아, 중국과 같은 나라에서 우리나라로 일하러 온 많은 외국인이 있습니다.

우리와 다른 문화에서 살아온 사람들과 함께 살아가는 것이 쉬운 일은 아닙니다. 그러나 우리와 다른 피부색과 외모를 가졌다고 피하거나 무시해서는 안됩니다. 우리는 모두 함께 사는 사람들이라는 것을 기억하고, 서로 이해하는 자세가 필요합니다.

발음 듣기

🇰🇷 社 사

🇨🇳 社 셔

🇯🇵 社 샤

 오늘 배울 한자를 만나 봅시다.

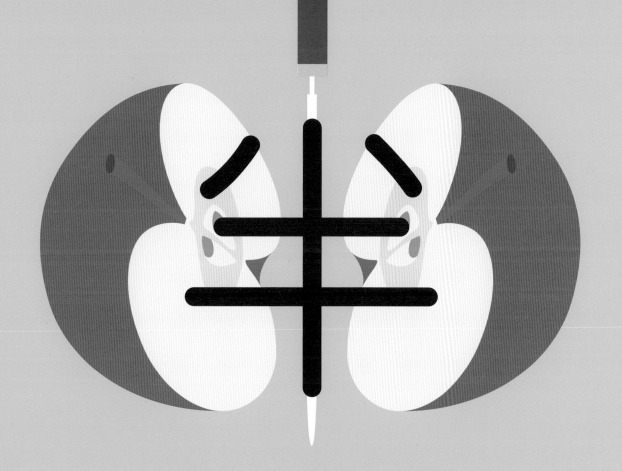

斗 반을 뜻하고
반이라고 읽어요.

斗 반반

半 반**반** { 똑같은 크기로 나눈 물건의 '반'을 뜻
합니다. }

6급Ⅱ | 부수 十 | 총 5획

순서에 맞게 한자를 써 봅시다.

丶 丷 䒑 𠂉 半

반반	반반	반반	반반
반반	반반	반반	반반
반반	반반	반반	반반

 **교과서 어휘**

오늘 배운 한자가 쓰인 단어의 뜻을 알아보고, 예문을 읽어 봅시다.

수학 **절 半**
折 꺾을 절

뜻 반으로 똑같이 나눔.
예문 사과와 설탕을 **절반**으로 졸이는 데 걸린 시간을 구해 봅시다.

안전 **半 구**
球 공 구

뜻 동그란 공의 절반.
예문 자전거를 탈 때는 **반구** 모양의 안전모를 꼭 착용합니다.

겨울 **한 半 도**
韓 나라 한   島 섬 도

뜻 삼면이 바다로 둘러싸인 우리나라 땅.
예문 퍼즐 조각을 다 맞추니 **한반도**가 있는 세계 지도가 완성되었습니다.

 **급수 시험 유형 문제**

정답 확인

1 다음 밑줄 친 한자어의 독음을 쓰세요.

북**半球**란, 지구를 둘로 나누었을 때의 북쪽 부분입니다.

2 다음 한자의 훈(뜻)과 음을 쓰세요.

半

3 다음 ( ) 안에 알맞은 한자를 〈보기〉에서 찾아 그 번호를 쓰세요.

〈보기〉   ① 分   ② 半   ③ 反

사과를 折(   )으로 잘라 친구와 나눠 먹었습니다.

정답 쓰기

1

2
훈 _____
음 _____

3

[복습 한자] 分 나눌 분
反 돌이킬 반

호랑이 모양을 닮은 한반도

韓 半 島

우리나라 지도를 보면 마치 한 마리의 호랑이 모습 같습니다. 호랑이는 우리나라를 대표하는 동물로, 옛날부터 우리 민족은 호랑이를 친숙하게 생각했습니다. 전래 동화에도 많이 나오고, 서울 올림픽과 평창 올림픽에서는 우리나라를 대표하는 동물로 사용되기도 했습니다.

호랑이 모양을 닮은 땅에서 사는 우리 민족은 나라에 어려움이 닥쳤을 때도 호랑이처럼 씩씩하고 강한 태도로 위기를 극복해 왔습니다.

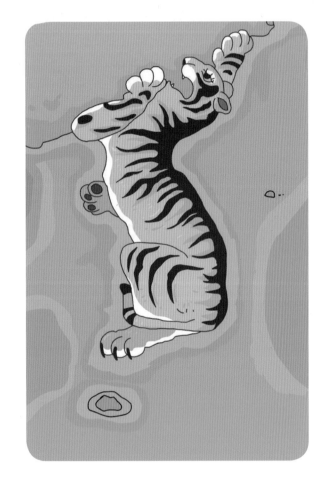

우리 동네는 호랑이의 어느 부분인지 찾아봐야겠다!

 半 반

 半 빤

 半 한

어제의 한자

半

훈 음

____ ____ 공구

오늘 배울 한자를 만나 봅시다.

球 공을 뜻하고
구라고 읽어요.

球 공구

球 공구

6급Ⅱ | 부수 玉 | 총 11획

동그란 구슬 모양의 '공'을 뜻합니다. '玉(구슬 옥)'이 한자의 부수로 쓰이면 '王' 모양으로 바뀝니다.

순서에 맞게 한자를 써 봅시다.

一 二 三 干 王 王 玗 玗 玛 球 球 球

공구	공구	공구	공구
공구	공구	공구	공구
공구	공구	공구	공구

오늘 배운 한자가 쓰인 단어의 뜻을 알아보고, 예문을 읽어 봅시다.

겨울 **지 球**
地 땅 지

뜻 우리가 살고 있는 행성. '행성'은 태양을 도는 지구와 같은 별입니다.
예문 우주는 비행기를 타고 **지구** 위를 날아다녔습니다.

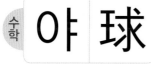

수학 **야 球**
野 들 야

뜻 투수가 던진 공을 타자가 방망이로 쳐서 점수를 겨루는 경기.
예문 슬기네 반에서 **야구**를 좋아하는 학생들의 이름을 써 봅시다.

수학 **탁 球**
卓 높을 탁

뜻 탁자 가운데 그물을 치고 작은 공을 채로 치고 받는 경기.
예문 **탁구**공이 모두 몇 개인지 곱셈식으로 나타내 봅시다.

 급수 시험 유형 문제

정답 확인

1 다음 밑줄 친 한자어의 독음을 쓰세요.

地球에는 여러 가지 생물이 살고 있습니다.

2 다음 한자의 훈(뜻)과 음을 쓰세요.

球

3 다음 한자의 짙게 표시한 획은 몇 번째 쓰는 획인지 〈보기〉에서 찾아 그 번호를 쓰세요.

 球

〈보기〉
① 네 번째　② 다섯 번째
③ 여섯 번째　④ 일곱 번째

정답 쓰기
1

2
훈 --------
음 --------

3

공을 이용한 운동

球

야구

'球(구)'가 들어간 운동 이름을 생각해 보세요.

축구

球

배구

농구

탁구

발음 듣기

🇰🇷 球 구　　🇨🇳 球 치우　　🇯🇵 球 큐-

 오늘 배울 한자를 만나 봅시다.

理 다스리다를 뜻하고
리 라고 읽어요.

공부한 날

理 다스릴
리

理

다스릴 리

6급Ⅱ | 부수 王 | 총 11획

'다스리다'를 뜻합니다. '다스리다'는 나라나 단체의 일을 맡아서 하거나 아랫사람을 이끈다는 뜻입니다.

🐼 **순서에 맞게 한자를 써 봅시다.**

一 二 三 千 王 珇 珇 珇 珇 理 理

다스릴 리	다스릴 리	다스릴 리	다스릴 리
다스릴 리	다스릴 리	다스릴 리	다스릴 리
다스릴 리	다스릴 리	다스릴 리	다스릴 리

오늘 배운 한자가 쓰인 단어의 뜻을 알아보고, 예문을 읽어 봅시다.

겨울

요 理

料 헤아릴 료(요)

뜻 음식을 만드는 일이나 그 음식.

예문 다른 나라의 **요리**를 조사하여 친구들에게 소개해 봅시다.

국어

도 理

道 길 도

뜻 사람이 지녀야 할 바른 마음과 몸가짐.

예문 추석에 할머니와 할아버지를 찾아뵙는 것은 마땅한 **도리**입니다.

가을

수 理

修 닦을 수

뜻 고장 나거나 낡은 것을 고침.

예문 우리 동네에는 자전거를 **수리**하는 가게가 있습니다.

급수 시험
유형 문제

정답 확인

1 다음 밑줄 친 한자어의 독음을 쓰세요.

친한 친구 사이에도 지켜야 할 예절과 <u>道理</u>가 있습니다.

2 다음 한자의 훈(뜻)과 음을 쓰세요.

理

3 다음 뜻에 맞는 한자어를 〈보기〉에서 찾아 그 번호를 쓰세요.

| 〈보기〉 | ① 道理 | ② 修理 | ③ 料理 |

고장 나거나 낡은 것을 고침.

정답 쓰기

1

2

훈 ____

음 ____

3

세계의 다양한 요리

料 理

태국 똠양꿍
새우를 넣은 태국의 전통 스프로, 매콤새콤한 맛이 특징입니다.

스페인 파에야
프라이팬에 쌀과 고기, 해산물을 함께 볶아서 만든 요리입니다.

이탈리아 파스타
밀가루 반죽으로 만든 면에 다양한 소스를 넣어 만든 요리입니다.

일본 스시
식초로 간을 한 밥을 뭉친 뒤, 얇게 썬 생선이나 채소를 얹어 만든 요리입니다.

터키 케밥
작게 썬 고기를 구워 먹는 요리로, 꼬치로 먹거나 빵에 싸서 먹습니다.

스위스 퐁듀
빵, 고기, 과일을 썰어 꼬치에 끼운 후, 녹인 치즈를 찍어 먹는 요리입니다.

한중일 한자

발음 듣기

🇰🇷 理 리

🇨🇳 理 리

🇯🇵 理 리

6級II	80문항	50분 시험	시험 일자: 20○○.○○.○○.

성명 _____ 수험 번호 □□□-□□-□□□□

* 성명과 수험 번호를 쓰고 문제지와 답안지는 함께 제출하세요.

[問 1-32] 다음 밑줄 친 漢字語의 讀音을 쓰세요.

───〈 보기 〉───
漢字 ⇒ 한자

[1] 오늘은 身體검사를 하는 날입니다.

[2] 오후에는 音樂 수업이 있습니다.

[3] 힘이 弱小한 나라를 도와줘야 합니다.

[4] 모든 일은 始作이 중요합니다.

[5] 저는 잘못을 反省하고 있습니다.

[6] 네잎클로버는 幸運을 뜻합니다.

[7] 버스를 타고 가면 便利합니다.

[8] 직사光線을 피해 보관하세요.

[9] 겨울 放學이 기다려집니다.

[10] 1학기 때 班長이었습니다.

[11] 그리스 로마 神話를 좋아합니다.

[12] 전통 社會의 생활은 지금과 많이 달랐습니다.

[13] 그는 올해 좋은 成果를 거두었습니다.

[14] 에디슨은 전구를 發明했습니다.

[15] 주인공의 勇氣에 박수를 보냈습니다.

[16] 선생님의 말씀을 注意해 들었습니다.

[17] 우리는 全部 운동장에 모였습니다.

[18] 올해는 昨年보다 더욱 춥습니다.

[19] 환경 문제의 대책 마련이 時急합니다.

[20] 우리 형은 高等학생입니다.

[21] 타려던 버스가 今方 출발했습니다.

[22] 갑자기 강한 海風이 몰아쳤습니다.

〈계속〉

[23] 안내판은 영어로도 <u>表記</u>되어 있습니다.

[24] 출장 중이어서 업무는 <u>代理</u>로 처리했습니다.

[25] 새로 생긴 고등학교는 남녀 <u>共學</u>입니다.

[26] 이 물건은 이미 <u>計算</u>된 것입니다.

[27] 할아버지는 <u>消日</u>거리로 봉사 활동을 하십니다.

[28] <u>地球</u>에는 수많은 생물이 살고 있습니다.

[29] 내 동생은 울보로 <u>有名</u>합니다.

[30] 심판은 <u>公正</u>해야 합니다.

[31] 언니는 <u>英語</u>로 된 소설책을 읽습니다.

[32] 내 꿈은 드라마 <u>作家</u>가 되는 것입니다.

[問 33-61] 다음 漢字의 訓(훈: 뜻)과 音을 쓰세요.

〈 보기 〉

字 ⇒ 글자 자

[33] 淸

[34] 分

[35] 童

[36] 放

[37] 現

[38] 集

[39] 計

[40] 體

[41] 始

[42] 省

[43] 果

[44] 明

[45] 風

[46] 利

[47] 光

[48] 注

[49] 意

〈계속〉

[50] 勇

[51] 昨

[52] 今

[53] 反

[54] 音

[55] 理

[56] 球

[57] 半

[58] 社

[59] 公

[60] 神

[61] 運

[問 62-63] 다음 중 뜻이 서로 반대(상대)되는 漢字끼리 <u>연결되지 않은 것</u>을 고르세요.

[62] ① 老 ↔ 少   ② 上 ↔ 下
    ③ 家 ↔ 堂   ④ 左 ↔ 右

[63] ① 淸 ↔ 洞   ② 大 ↔ 小
    ③ 父 ↔ 母   ④ 日 ↔ 月

[問 64-65] 다음 (   ) 안에 알맞은 漢字를 〈보기〉에서 찾아 그 번호를 쓰세요.

〈 보기 〉
① 共 ② 千 ③ 用 ④ 各

[64] 각양(___)色의 사람들이 모여 있습니다.

[65] 두 선수는 (___)同 우승을 했습니다.

[問 66-67] 다음 뜻에 맞는 漢字語를 〈보기〉에서 찾아 그 번호를 쓰세요.

〈 보기 〉
① 高地 ② 公共 ③ 幸運
④ 昨今 ⑤ 發電 ⑥ 風光

〈계속〉

[66] 전기를 일으킴.

[67] 지대가 높은 땅.

[問 68-77] 다음 밑줄 친 漢字語를 漢字로 쓰세요.

[68] 시간은 만금을 주어도 바꿀 수 없습니다.

[69] 남북의 대표 선수가 함께 입장했습니다.

[70] 마을의 청년들이 거리로 나왔습니다.

[71] 할아버지는 군인이셨습니다.

[72] 삼촌은 작년에 대학을 졸업했습니다.

[73] 가뭄이 심해 댐의 수문을 열었습니다.

[74] 교장 선생님께서 직접 상장을 주셨습니다.

[75] 온 국민이 한마음으로 응원했습니다.

[76] 독도는 화산이 폭발해서 생긴 섬입니다.

[77] 칠월이 되자 모기가 많아졌습니다.

[問 78-80] 다음 漢字의 짙게 표시한 획은 몇 번째 쓰는 획인지 〈보기〉에서 찾아 그 번호를 쓰세요.

〈 보기 〉

① 첫 번째   ② 두 번째
③ 세 번째   ④ 네 번째
⑤ 다섯 번째   ⑥ 여섯 번째
⑦ 일곱 번째   ⑧ 여덟 번째
⑨ 아홉 번째   ⑩ 열 번째

[78] 果

[79] 班

[80] 分

♣ 수고하셨습니다.

〈끝〉

[問 1-32] 다음 밑줄 친 漢字語의 讀音을 쓰세요.

〈 보기 〉
漢字 ⇒ 한자

[1] 설날에 받은 용돈을 計算해 보았습니다.

[2] 果然 성공할 수 있을지 궁금합니다.

[3] 우리는 모두 平等합니다.

[4] 消火기는 잘 보이는 곳에 두어야 합니다.

[5] 우리가 共同으로 만든 마을 지도입니다.

[6] 매일 동생에게 童話책을 읽어 줍니다.

[7] 그의 勇氣 있는 태도에 감동했습니다.

[8] 버스는 9시에 出發합니다.

[9] 放心하는 순간 사고가 발생합니다.

[10] 과거의 잘못을 깊이 反省합니다.

[11] 전체를 두 部分으로 나누었습니다.

[12] 오늘은 발레의 기본 動作을 배웠습니다.

[13] 두 점을 直線으로 연결했습니다.

[14] 지난달보다 體重이 늘었습니다.

[15] 신나는 音樂을 들으면 기분이 좋아집니다.

[16] 형은 매일 아침 運動하러 갑니다.

[17] 들리는 소리에 集中해 보세요.

[18] 나의 노래 실력에 모두 意外라는 표정을 지었습니다.

[19] 시험을 잘 본 것은 幸運이었습니다.

[20] 그녀는 그의 물음에 反問했습니다.

[21] 하얀 風車를 배경으로 사진을 찍었습니다.

[22] 오늘 現場 체험 학습을 다녀왔습니다.

[23] 새로 생긴 食堂의 음식은 맛있습니다.

[24] 제가 代身 다녀오겠습니다.

[25] 老弱자에게 자리를 양보했습니다.

[26] 학교에서 方今 돌아왔습니다.

[27] 경기는 우리 팀에 有利하게 진행되었습니다.

[28] 종이컵을 活用하여 화분을 만들었습니다.

[29] 망원경으로 달 表面을 관찰했습니다.

[30] 우리가 사는 地球는 아름다운 행성입니다.

[31] 물건을 만든 會社에 전화를 했습니다.

[32] 體力을 기르기 위해 달리기를 시작했습니다.

[問 33-61] 다음 漢字의 訓(훈: 뜻)과 音을 쓰세요.

┌─────〈 보기 〉─────┐
│　　　字 ⇒ 글자 자　　　│
└───────────────┘

[33] 消

[34] 急

[35] 班

[36] 各

[37] 線

[38] 等

[39] 用

[40] 昨

[41] 勇

[42] 意

[43] 注

[44] 發

[45] 明

[46] 淸

[47] 始

[48] 體

[49] 幸

〈계속〉

[50] 神

[51] 現

[52] 公

[53] 集

[54] 會

[55] 表

[56] 堂

[57] 反

[58] 部

[59] 弱

[60] 雪

[61] 球

[問 62-63] 다음 중 뜻이 서로 반대(상대)되는 漢字끼리 연결되지 않은 것을 고르세요.

[62] ① 先 ↔ 後　　② 手 ↔ 足
　　③ 始 ↔ 昨　　④ 問 ↔ 答

[63] ① 男 ↔ 女　　② 注 ↔ 住
　　③ 山 ↔ 川　　④ 王 ↔ 民

[問 64-65] 다음 (　) 안에 알맞은 漢字를 〈보기〉에서 찾아 그 번호를 쓰세요.

〈보기〉
① 發　② 體　③ 勇　④ 意

[64] 그녀는 정확한 (　)音으로 말했습니다.

[65] 건강한 身(　)에 건강한 정신이 깃듭니다.

[問 66-67] 다음 뜻에 맞는 漢字語를 〈보기〉에서 찾아 그 번호를 쓰세요.

〈보기〉
① 時計　② 放出　③ 時急
④ 代理　⑤ 消火　⑥ 表記

〈계속〉

[66] 남을 대신하여 일을 처리함.

[67] 적어서 나타냄.

[問 68-77] 다음 밑줄 친 漢字語를 漢字로 쓰세요.

[68] 합창단 학생들이 강당에 모였습니다.

[69] 부녀가 함께 시장에 다녀왔습니다.

[70] 겨울에는 실외 공기가 찹니다.

[71] 할머니는 올해 팔십 세이십니다.

[72] 내 동생은 잠꾸러기입니다.

[73] 한강은 동서로 길게 흐릅니다.

[74] 올해는 구월에 추석이 있습니다.

[75] 그는 퇴직 후 연금을 받아 생활합니다.

[76] 형제의 얼굴이 쌍둥이처럼 꼭 닮았습니다.

[77] 제가 존경하는 인물은 세종 대왕입니다.

[問 78-80] 다음 漢字의 짙게 표시한 획은 몇 번째 쓰는 획인지 〈보기〉에서 찾아 그 번호를 쓰세요.

〈 보기 〉
① 첫 번째　　② 두 번째
③ 세 번째　　④ 네 번째
⑤ 다섯 번째　⑥ 여섯 번째
⑦ 일곱 번째　⑧ 여덟 번째
⑨ 아홉 번째　⑩ 열 번째

[78]

昨

[79]

放

[80]

勇

♣ 수고하셨습니다.

수험번호 ☐☐☐-☐☐-☐☐☐☐ **성명** ☐☐☐☐☐

생년월일 ☐☐☐☐☐☐ ※ 유성 사인펜, 붉은색 필기구 사용 불가.

※ 답안지는 컴퓨터로 처리되므로 구기거나 더럽히지 마시고, 정답 칸 안에만 쓰십시오. 글씨가 채점란으로 들어오면 오답 처리가 됩니다.

제1회 한자능력검정시험 6급II 답안지(1)

답안란		채점란		답안란		채점란		답안란		채점란	
번호	정답	1검	2검	번호	정답	1검	2검	번호	정답	1검	2검
1				14				27			
2				15				28			
3				16				29			
4				17				30			
5				18				31			
6				19				32			
7				20				33			
8				21				34			
9				22				35			
10				23				36			
11				24				37			
12				25				38			
13				26				39			

감독위원	채점위원(1)		채점위원(2)		채점위원(3)	
(서명)	(득점)	(서명)	(득점)	(서명)	(득점)	(서명)

※ 뒷면으로 이어짐

■사단법인 한국어문회 답안지 예시

※ 본 답안지는 컴퓨터로 처리되므로 구겨지거나 더럽혀지지 않도록 조심하시고 글씨를 칸 안에 또박또박 쓰십시오.

제1회 한자능력검정시험 6급Ⅱ 답안지(2)

번호	정답	1검	2검	번호	정답	1검	2검	번호	정답	1검	2검
40				54				68			
41				55				69			
42				56				70			
43				57				71			
44				58				72			
45				59				73			
46				60				74			
47				61				75			
48				62				76			
49				63				77			
50				64				78			
51				65				79			
52				66				80			
53				67							

제1회 한자능력검정시험 6급Ⅱ 답안지(2)

| 수험번호 | □□□-□□-□□□□ | | 성명 | □□□□□ |

생년월일 □□□□□□   ※ 유성 사인펜, 붉은색 필기구 사용 불가.

※ 답안지는 컴퓨터로 처리되므로 구기거나 더럽히지 마시고, 정답 칸 안에만 쓰십시오. 글씨가 채점란으로 들어오면 오답 처리가 됩니다.

제2회 한자능력검정시험 6급Ⅱ 답안지(1)

번호	정답	1검	2검	번호	정답	1검	2검	번호	정답	1검	2검
1				14				27			
2				15				28			
3				16				29			
4				17				30			
5				18				31			
6				19				32			
7				20				33			
8				21				34			
9				22				35			
10				23				36			
11				24				37			
12				25				38			
13				26				39			

감독위원	채점위원(1)		채점위원(2)		채점위원(3)	
(서명)	(득점)	(서명)	(득점)	(서명)	(득점)	(서명)

※ 뒷면으로 이어짐

※ 본 답안지는 컴퓨터로 처리되므로 구겨지거나 더럽혀지지 않도록 조심하시고 글씨를 칸 안에 또박또박 쓰십시오.

제2회 한자능력검정시험 6급 II 답안지(2)

번호	정답	1검	2검	번호	정답	1검	2검	번호	정답	1검	2검
40				54				68			
41				55				69			
42				56				70			
43				57				71			
44				58				72			
45				59				73			
46				60				74			
47				61				75			
48				62				76			
49				63				77			
50				64				78			
51				65				79			
52				66				80			
53				67							

제2회 한자능력검정시험 6급 II 답안지(2)